기업가적 리더십

Entrepreneurial Leadership

김서영 · 김상순

서울시립대학교 동문 기업인의 창업성공스토리

비앤엠북스

발간사

세 가지 노력

세 가지 노력이 결실을 맺어 기업가적 리더십이라는 책의 발간을 기념하는 글을 쓰게 되었습니다. 저는 서울시립대학교 총장으로서 학교와 기업, 재학생과 동문 간의 연결을 목표로 삼아 그간 다양하고 지속적인 노력을 해왔습니다. 이러한 목표를 달성하기 위해 동문 중에 기업가 리더로서 지속적인 성과를 내며 해당 산업에서 주도적인 역할을 하는 동문을 일일이 찾아가서 만났습니다. 우리 학생들에게 학교 선배이자 인생의 선배이면서 기업의 대표인 분들의 성공과 도전에 관한 이야기가 큰 도움이 될 것이라 생각해서 수고로움을 마다하지 않고 움직였습니다. 이것이 첫 번째 노력입니다. 두 번째로 동문 기업인과 재학생이 연결될 수 있는 장을 마련하

기 위해 '기업가정신 특강'이라는 교양과목을 개설하고 열두 분의 기업가를 초청하여 강연을 진행했습니다. 세 번째로 이러한 연결의 지속성을 확보하기 위해 강연 내용을 재구성하여 도서로 출간하게 되었습니다.

실제로 이러한 결과는 김상순 창업지원단장이 있었기에 가능한 일이었습니다. 기업가정신 특강 교과목을 담당하며 강의와 함께 동문 기업가들과 학생들을 이어준 김상순 창업지원단장에게 감사를 표합니다. 또한, 책 작업을 주로 집필하고 도서로 출간할 수 있게 노력한 김서영 창업지원단 객원교수와 이외 여러 과정에서 도움을 준 창업지원단 직원들에게도 감사의 말을 전합니다.

이번 도서 출간을 계기로 앞으로도 서울시립대학교와 기업이 연결되고, 동문과 재학생이 하나 되는 기회가 더 많아졌으면 하는 바람을 가져봅니다. 동문 기업가의 성공스토리를 담은 작은 책 한 권이 학생, 학교, 기업, 사회에 널리 퍼져 더 많은 서울시립대학교 출신의 기업가가 활동할 수 있기를 기대합니다.

다시 한 번, 바쁜 와중에도 강연자로 와서 자리를 빛내주신 열두 분의 동문 기업인께 감사의 인사를 드립니다.

2021. 4.

서울시립대학교 총장 서순탁

서 문

서울시립대학교의 기업가를 만나다

성공한 기업가들의 스토리를 접할 수 있다는 것이 학생들을 위한 기회라고 생각했는데 오히려 저희에게 도움이 되었던 기회였습니다. 한 분 한 분 동문 기업인의 희노애락이 담긴 성공 스토리를 들으면서 이해하고 공감하며 깨닫게 되고 자극을 받았습니다. 강연을 기획하면서부터 도서로 출간할 계획을 가지고 있었지만 강연을 들으면서 한 번, 도서 출간을 위해 내용 작업을 하면서 한 번 더 그분들에게 배우고 싶은 것 닮고 싶은 것들을 생각하게 되었습니다. 그

런 마음을 담아 열두 분의 사례를 정리하였고 기업가로서의 특성과 특히 중소기업 혹은 중견기업으로서 한국 사회에서 오랫동안 기업을 생존시키고 성장시킨 저력에 주목하게 되었습니다. 강연을 해주신 기업가 중 대부분은 기업을 운영한 지 평균적으로 20년 정도가 되었고, 1997년 IMF 외환위기라는 경제침체 상황 전후로 창업하여 기업을 꾸려온 분들입니다. 기회를 포착하여 혁신적인 제품이나 서비스로 새로운 가치를 창출하며 기업을 만드는 창업이라는 과정도 힘들고 어렵지만, 불확실한 상황에서 여러 위험을 감수하며 지속적으로 기회를 발견하려고 노력하며 직면한 여러 문제를 해결하면서 기업을 생존시키는 것은 더욱 어렵습니다. 기업을 생존하게 하고 성장하게 하는 데 필요한 기업가의 역량으로 최근 대두되고 있는 개념이 '기업가적 리더십'입니다. 이에 여러 어려운 상황에도 기업을 생존, 성장시켜온 기업가들의 성공스토리를 통해 기업가적 리더십에 대한 깊이 있는 이해와 중요성을 확인해보고자 합니다.

해당 도서의 기업가 사례 부분은 서울시립대학교 교양과목 중 하나인 '기업가정신 특강'이라는 과목의 강연 내용을 재작성한 것입니다. 실제 강연하는 상황을 기준으로 작성했기 때문에 언어의 반복, 생략, 문장연결 등의 문제로 인해 강연의 내용이 크게 변하지 않는 수준에서 재작성하였습니다. 도서지만 실감나는 강연을 듣는 것 같은 느낌이 들도록 구어체로 대부분 구성되어 있어 독자들께서 읽는 데 다소 불편할 수 있음을 양해 부탁드립니다.

마지막으로, 이런 기회를 만들어 주신 총장님을 비롯한 학교관계자와 코로나-19 상황에 익숙하지 않은 강연을 심지어 비대면으로 진행하면서도 열정적으로 메시지를 전달해 주신 열두 분의 동문 기업인, 열심히 강연을 듣고 참여해 준 학생과 전체적인 과정이 이루어지도록 지원해 준 창업지원단 직원들에게 고마운 마음을 전합니다.

2021. 4.

김서영, 김상순

차 례

Entrepreneurial Leadership

1부

Entrepreneurial Leadership

기업가적 리더십

1. 창업의 시대 : 누구나 창업할 수 있지만, 아무나 기업가가 될 수 없다

"창업(創業)을 창직(創職)으로" 하는 정부의 정책과 흐름에 따라 창업에 대한 관심이 늘어나고 있고, 우아한 형제나 토스 등과 같은 유니콘 기업이 다수 등장하면서 창업 및 창업자에 대한 시선도 긍정적으로 점차 변화해 가고 있습니다. 이러한 상황적 변화에 따라 창업기업이 증가하는 추세이나 기업을 설립한다는 것 자체만이 아니라 창업기업을 운영하고 생존하는 것이 더 중요하다고 할 수 있습니다. 누구나 창업할 수 있지만 아무나 기업가가 될 수는 없습니다. 우리나라의 경우 창업준비 및 초기 단계에 정부의 지원정책이 집중되어 있어서 기업을 설립한다는 것이 기업을 성장 및 생존하게 하는 것보다는 상대적으로 조금은 용이하다고 볼 수 있습니다. 창업자들은 창업준비과정부터 시작해서 창업 후 기업을 운영하고 성장시키기까지 많은 어려움에 직면하게 됩니다. 3년 내 소상공인 폐업률이 62%에 달하고, 자영업 폐업률은 87.9%(2017년 기준)로 창업기업이 생존한다는 것이 쉽지 않은 현실입니다. 우리나라의 창업지원정책은 대부분 창업준비과정과 창업초기까지의 Seed 단계에 집중되어 있고, 창업자가 예측한 상황과 현실은 상이하기 때문에 이를 극복하지 못하고 실패를 경험하게 되는 경우가 많습니다. 창업기업이 마주하는 내·외부의 어려움을 극복하기 위해서는 창업자의 기업가적 리더십이 필요하다고 볼 수 있습니다. 기업가적 리더십은 새로 창업한 작은 비즈니스와 연관성이 높은데, 기업가가 효과적인 리더십 행동을 (내·외부 구성원에게) 보여주지 않고서 새로운 벤처를 성공적으로 발전시킬 수 없습니다(Cogliser & Brigham, 2004). 창업기업의 성공적인 벤처 운영을 위한 중요요소인 기업가적 리더십의 중요성이 점점 증대되고 있어 실제 기업가적 리더십을 발휘하여 평균적으로 약 20년 정도 기업을 생존, 성장하게 한 기업가 12명의 성공스토리를 분석하였습니다. 이를 통해 예비창업가들이 갖추어야 할 기업가적 리더십에 대해서 이해하고 학습하는 기회를 제공하고자 합니다.

2. 기업가적 리더십

기업가적 리더십은 기업가정신과 차이가 있으며, 기존의 리더십 이론과도 다릅니다. 기업가적 리더십에 대한 개념적 이해를 위해 먼저 유사 개념인 기업가정신과 리더십에 대해 검토해야 할 필요성이 있습니다.

1) 기업가정신

기업가정신이란 통제 가능한 보유 자원에 얽매이지 않고 기회를 추구하는 과정으로(Stevenson & Jarillo, 1991), 기업가정신에 대한 정의는 조직(기업) 수준, 개인 수준의 두 영역으로 정의되어 왔습니다(Krackhardt, 1995). 우리는 본 도서를 통해 서울시립대학교 출신 기업가의 성공스토리로 그들을 이해하는 과정이므로 기업가정신에 대한 정의 중 개인 수준의 영역에서 검토해 볼 필요가 있습니다.

▪ 개인 수준의 기업가정신 정의

Sayles and Stewart(1995)는 기업가정신에 대한 정의를 아래의 세 가지 구성요소를 바탕으로 정의했습니다.

(1) 현재 통제할 수 있는 자원과 상관없이 이익이 되는 기회들을 포착하려는 활동(Stevenson & Jarillo, 1990)
(2) 학습, 시너지, 부트스트랩을 통해 기존 자원을 확장(Burgelman, 1983)
(3) 자원의 새로운 조합과 새로운 비즈니스 방식으로 이어지는 변화와 혁신을 촉진(Burgelman, 1983)

위에서 강조하는 기업가정신은 자원과 상관없이 기회추구활동을 하고, 자원을 확장하며 자원 간의 조합으로 변화와 혁신을 촉진하는 단계적 활동으로 이해할 수 있습니다.

또한, 개인 수준의 기업가정신 연구는 기업가 개인의 심리적 특성과 관리적/리더십 스킬과 결합하여 일반화되어 왔으며, 기업가적 활동 측면에서 가장 중요한 요소로는 ① 기회 추구, ② 설정한 목표 달성을 위한 욕구, ③ 독립적 마인드, ④ 위험 감수, ⑤ 혁신(Lepnurm & Bergh, 1995)이 있습니다.

이러한 정의들을 살펴보았을 때, 개인 수준의 기업가정신은 보유한 자원과 상관없이 기회를 추구하며 위험을 감수하면서 새로운 조합으로 혁신을 추구하는 활동으로 볼 수 있습니다.

■ 조직 수준의 기업가정신 정의

조직 수준의 기업가정신인 기업가적 지향성은 "새로운 시장에 진입하려는 과정, 실행, 의사결정 활동"으로 볼 수 있습니다(Lumpkin & Dess, 1996). 기업가적 지향성은 기업 수준 구조로 기업의 기업가정신과 유사한 개념으로 사용되기도 하며, 기업의 전략적 태세-중요한 의사결정 및 전략과 관련되어 조직 수준에서의 기업가적 활동에 대한 부분을 강조하는 개념입니다. 조직을 새로 창업하는 과정에서 창업가의 기업가정신이 중요하고, 조직 설립 이후 조직의 목표달성 및 성공을 위해서는 조직 수준이 기업가정신이 요구되는데 이것이 기업가적 지향성입니다(Lumpkin & Dess, 1996).

하지만, 기업가적 리더십을 리더십의 한 유형으로 이해했을 때 주체가 '리더'라는 개인의 측면이므로 조직 수준에서의 기업가정신(기업가적 지향성)에 대한 개념보다는 개인 측면의 개념에 주의를 기울일 필요가 있을 것입니다.

2) 리더십

리더십에 대해서는 오랜 기간 동안 다양한 연구들이 이루어져 왔고, 다양한 이론이 존재하지만 리더십은 구성원을 이끌어 나간다는 것과, 구성원에게 영향을 미친다는 점에서는 공통적인 의미를 가지고 있습니다. 리더십에 관한 일반적인 동의는 비전과 목표를 달성하는 방향으로 리더가 구성원에게 영향을 미친다는 것입니다(Zalenzik, 1990).

리더의 개인적인 특성을 중심으로 설명하고 있는 Fernald et al.(2005)은 효과적인 리더의 특성을 ① 성취동기, 야망, 에너지, 끈기, 이니셔티브를 포함하는 드라이브(drive), ② 리더십 동기, ③ 정직과 청렴, ④ 스스로에 대한 자신감, ⑤ 인식 능력, ⑥ 비즈니스에 대한 지식의 6가지로 설명하고 있습니다. 리더의 주요한 특성들은 리더가 필요한 기술을 습득하고, 조직적인 비전을 형성하며, 비전 달성을 위해 효과적으로 계획하여 비전이 현실이 되도록 기여하는 단계를 만드는 데 도움을 줄 수 있습니다.

리더십 이론과 기업가적 리더와의 공통점은 리더이자 롤모델로 행동함으로써 구성원에게 영향을 미치고 지시한다(Kuratko et al., 2001)는 점입니다. Renko et al.(2019)에 따르면 기업가적 리더십과 기업가정신, 리더십 사이에는 교차점이 존재한다고 하였는데, 리더십과의 교차점은 영향력의 과정이라는 점이고, 기업가정신과의 교차점은 기회탐색에 초점을 맞춘다는 점입니다. 이를 판단하여 볼 때, 기업가적 리더십은 기업가적 정신을 기반으로 하여 리더와 구성원 간의 영향력을 행사하는 측면에서 리더십의 유형으로서 의미를 가진다고 볼 수 있습니다.

3) 기업가적 리더십

기업가적 리더십이란 다양한 조직 상황에서 기회중심적 행동의 중요한 표현 중 하나라고 볼 수 있습니다(Renko et al., 2019). 기업가적 리더십이란 급변하거나 예측하기 어려운 조직 내·외부의 상황에서 기회를 탐색하고 활용하고자 하는 행동적인 리더십이라고 볼 수 있습니다. 여러 학자의 기업가적 리더십에 대한 정의에 대해 시간의 흐름에 따라 변화하는 과정을 알 수 있게 정리해보면 다음과 같습니다.

기업가적 리더십 정의의 변화

Cunningham and Lischeron (1991)	기업가적 리더십은 명확한 목표 설정, 기회 창출, 권한 위임, 조직 친밀성 유지, 인적 자원 시스템 개발과 관련이 있음
Ireland, Hitt, and Sirmon (2003)	기업가적 리더십은 기회 추구와 이점 추구 행동 모두를 강조하기 위해 전략적으로 자원을 관리하도록 구성원에게 영향을 미칠 수 있는 능력을 수반함
Gupta, MacMillan, and Surie (2004)	전략적 가치 창출의 발견과 이를 활용하기 위한 비전과 이에 의해 헌신하는 참가자들을 모으고 동원하는 데 사용되는 비전 시나리오를 만드는 리더십. 새로운 혁신 기회를 창출할 수 있는 시나리오를 만들고, 조직 내부 구성원과 외부 관계자를 설득하고 동기부여하여 시나리오가 실현되도록 하는 리더십

Thornberry (2006)	리더십에는 열정, 비전, 집중력, 다른 사람에게 영감을 주는 능력이 필요. 기업가 리더십에는 이 모든 것 외에도 기업가적 리더가 새로운 비즈니스 기회를 식별, 개발 및 포착하는 데 도움이 되는 사고방식과 기술이 필요함
Surie and Ashley (2008)	빠른 속도와 불확실한 환경에서 혁신과 적응을 지속할 수 있는 리더십
Renko et al. (2015)	기업가적 리더십은 기업가적 기회를 인식하고 활용하는 것을 포함하고, 조직 목표를 달성하기 위해 그룹 구성원의 성과에 영향을 미치고 지시하는 것을 수반함

※ Renko 외(2015) 연구를 저자가 번역 및 추가

위에 정리된 연구들의 개념적 정의 분석을 통한 기업가적 리더십의 특성은 세 가지로 설명할 수 있는데, 첫 번째, 환경적 특성으로 '불확실하고 급변하는 환경'에 처해 있다는 점과 두 번째, 행동적 특성으로 '기업가적 기회를 인식하고 활용하고 새로운 비즈니스 기회를 인식하고 개발'하려고 한다는 점입니다. 마지막으로 영향력 측면에서 '구성원이 전략적으로 자원을 활용하고 몰입하고 기회를 추구'하도록 영향을 미친다는 특성을 알 수 있습니다.

기업가적 리더십은 개인의 특성이나 성격에 관련된 리더십이 아니라 행동 중심의 리더십(Renko et al., 2019)이라 기업가적 리더는 기회중심적 행동으로 기회를 인식하고, 구성원에게 영향을 미쳐 구성원이 기회중심적 행동을 추구할 수 있게 합니다.

그렇다면, 기업가적 리더십이 성공적으로 성과를 창출하는 데 영향을 미치는 요소는 어떠한 것이 있을까요? 기업가적 리더십의 성공은 리더의 행동뿐만 아니라 구성원의 특성, 조직적 특성과 환경에 따라 결정됩니다(Antonakis and Autio, 2006). 특히, 리더는 구성원과 상호관계적인 측면이 있고 리더의 영향력이 구성원에게 얼마나 미치느냐로 리더십의 효과성을 알 수 있기에 구성원과 기업가적 리더의 관계에 대해 짚어 볼 필요가 있습니다. 기업가적 리더십에 대해 구성원들이 민감하게 반응하는 것을 감수성이라고 하는데 이러한 감수성의 핵심요소는 구성원의 기업가적 자기효능감, 임파워먼트, 기업가적 열정입니다. 구성원의 기업가적 리더십에 대한 더 높은 감수성은 더 높은 수준의 기회인식 및 탐색이라는 결과로 나타날 것입니다.

기업가적 리더십이 더 잘 발휘되려면 기업가적 비전에 대한 효과적인 커뮤니케이션이 이루어져야 하며, 혁신을 육성 및 지원하는 프로세스, 자원을 생성하고 확보하기 위한 프로세스를 갖추어야 합니다. 또한 지속적인 탐색과 아이디어를 생성(Gupta and MacMillan, and Surie, 2004)하는 조건이 갖추어진다면 기업가적 리더십이 더 효과적으로 장려되는 조직이 될 것입니다.

3. 중소기업과 스타트업에서의 기업가적 리더십

기업가적 회사(Entrepreneurial Firm)는 일반적으로 새로 창업하고, 작은 기업으로 볼 수 있는데, 그렇다고 해서 기업가적 리더십이 작은 회사에만 국한되는 것은 아닙니다(Renko et al., 2019). 하지만, 새로 창업한 기업의 생존과 성장의 관점에서 보았을 때 새로운 벤처에는 표준화된 규정, 관리방법, 조직구조가 제대로 갖추어져 있지 않고, 창업가는 이러한 상황에서 이끌어가야만 하기 때문에(Hmieleski and Ensley, 2007) 창업초기의 기업일수록 창업가의 기업가적 리더십의 중요성은 커질 수밖에 없습니다. 또한, 기업가적 리더십은 리더의 기회인식 - 구성원에 영향 - 구성원의 기회중심행동 추구라는 과정을 통해 구성원이 리더의 행동을 따라하고 새로운 기회를 인식(Renko et al., 2015)하여 창업기업이 생존하고 성장하는 데 있어 매우 중요한 능력이기 때문에 주목할 필요가 있습니다.

코로나-19와 같이 예측할 수 없는 변화와 기술의 급격한 변화 상황에서 새로운 스타일의 리더십을 요구한다는 사실을 고려할 때 또 다른 리더십의 형태로 기업가적 행동의 중요성은 점점 커지고 있습니다. 왜냐하면 모든 구성원은 사업가/기업가처럼 생각하고 행동하기를 요구받게 될 것(Fernald et al., 2005)이기 때문에 리더십의 새로운 대안으로서 기업가적 리더십의 의미는 더욱 커질 것입니다.

이와 같이, 기업가적 리더십에 대한 관심 및 중요성은 증대되고 있어 중소, 중견기업의 기업가로 창업을 하고 기업을 평균 20년 정도 생존 및 성장시킨 여러 기업가에 대한 스토리는 기업가적 리더십을 이해하는 데 큰 밑바탕이 될 것입니다.

Entrepreneurial Leadership

2부

Entrepreneurial Leadership

동문 기업인의 창업성공스토리

대원방송(주) 대표 **곽영빈**

회 사 명 대원방송(주)

회사소개 청소년과 마니아를 위한 고감도 애니메이션을 편성하여 방송하고 있으며, 1,800여 편의 신규 화제작을 편성하여 새로운 작품을 가장 빠르게 선보이고 시청자의 기호를 만족시키는 방송사. 만화를 통한 재미와 교육으로 유·아동을 위한 애니테인먼트 프로그램을 기획하여 방영함. 운영채널로는 애니원, 애니박스, 챔프, 채널 J가 있음

설립연월 2001년 11월

사업분야 방송프로그램 공급, 배급/방송광고, 영상물 제작/인터넷온라인방송/프로그램 공급업(케이블TV, IPTV, 위성, VOD)

매 출 액 212억(2019년)

직 원 수 49명(2019년)

기업가적 리더십 키워드

1등, 열정, 기본기(인성)

대원방송(주) 대표
곽 영 빈

설렘

저는 강의를 해 본 전문강사는 아니고, 산업현장에서 산업을 이끌고 사업을 이끌고 회사 직원의 미래와 직원 가족의 미래를 짊어지고 있는 경영자입니다. 강의는 쉬운 일이 아니다 보니 학생들에게 경영자로서의 저의 정신을 전달해줄 수 있다는 생각에 오늘 아침 굉장히 설렜습니다.

제 소개를 하자면 대원방송(주) 대표이사를 맡은 지 15년차이고, 바탕이 되는 기본은 서울시립대학교 81학번 조경학과 출신으로 이 사회에서 리더가 되고 싶다는 꿈을 안고 대학에서 4년 동안 생활했었습니다. 저희 회사 대원방송(주)은 4개 채널을 방송하고 있고, 애니원, 챔프, 애니박스와 채널 J를 운영하고 있습니다. 애니원과 챔프는 플랫폼만 다를 뿐 동일한 콘텐츠를 가진 7세 이하의 어린이들을 위한 애니메이션 방송이고, 애니박스와 채널 J는 모든 방송에 콘텐츠가 방영되고 있습니다. 애니박스는 어린이와 성인 모두를 대상으로 하는 애니메이션을 제공하고 있고 채널 J는 일본문화, 콘텐츠, 예능 등 일본 콘텐츠 위주로 방영하고 있고, 2001년 11월 1일에 설립했습니다. 시장에 뛰어든 주요 콘텐츠는 저의 전문 분야이기도 한 일본 애니메이션이고 그 바탕은 '국내 애니메이션을 어떻게 하면 활성화시키고 제작에 기여할 수 있을까?'였습니다. 사업의 중요한 장르 중 하나이고 한국보다 한 발 앞서가고 있는 일본 애니메이션을 한국에 소개하는 것도 사업의 큰 포커스였습니다. 여러분들도 다 아시는 원피스, 도라에몽, 호빵맨 등의 애니메이션이 독점적으로 방송되고 있고, 연간 2,500개 애니메이션을 들여오고 있습니다. 어린이에게 콘텐츠를 제공하기 때문에 한국어 더빙이 필요해서 전속 성우도 육성하고 있고, 애니메이션을 한국어로 더빙해서 국내에 배포하고 있는 애니메이션 전문회사입니다. 오늘 강의에서 한 장르에 집중해서 사업하고 싶은 분이나, 애니메이션 사업군에서 일하고 싶은 분에게 제가 걸어온 길이 도움이 되었으면 좋겠습니다.

회사 공간을 소개하자면 입구에 들어가자마자 전광판에 명언이 나옵니다. 전광판은 주요 인사가 방문할 때 환영 인사나 회사의 주요 콘텐츠 예고편도 나오고, 방송국이라 주변에 모니터가 있어서 운영하는 채널이 24시간 계속 방영되고 있습니다. 또한, 실제 녹음하는 녹음실 부스는 40여 명의 성우가 동시에 들어가서 녹음할 수 있는 국내 최대의 규모입니다. 원피스를 더빙 녹음한다고 하면 성우 25명 정도가 한꺼번에 들어가서 녹음하는 현장이고, 국내에서는 애니메이션 제작 녹음을 가장 많이 하고 있습니다.

마지막으로 제가 일하는 사무실에는 정직, 창의, 열정이라고 쓰여진 사훈이 걸려 있습니다. 오늘 강연과 맥이 통한다고 생각하는데 정직한 사람들이 모여서 창의적인 생각과 방법으로 열정을 다해 일한다는 의미의 사훈입니다. 애니메이션을 생산하는 우리 회사에서 가장 필요한 요소를 사훈으로 정했는데, 만 20년간 회사를 이루어가는 동안 3가지 사훈이 회사의 바탕이 되어왔습니다.

대학 신문사를 거쳐 예순 즈음에

제 나이가 우리나라 나이로 예순이고 내년에 환갑입니다. 한 사이클을 걸어온 예순 즈음에 저를 돌아볼 수 있는 좋은 기회였고, 지금부터는 제가 어떻게 살아왔는지 말씀드리겠습니다.

저는 전남 해남 화원면의 조그마한 농촌마을에서 농사를 짓는 부모님의 7남매 중에 막내로 태어났습니다. 막내이기 때문에 엄마 아빠

도 제일 조금 봤고, 어머니께서는 가장 짧게 본다고 가장 예뻐하셨습니다. 제 위로 형 셋, 누님 셋이 있습니다. 서울이라는 곳을 중학교 2학년 때 처음 오게 되었는데, 정말 깜짝 놀랐고 경이롭다는 생각을 했습니다. 학원이라는 것이 있는 줄 몰랐던 촌사람이라 시골에서 개구리 잡으며 놀았고 공부도 학교를 가라고 해서 가는 정도였습니다. 저는 우등생이었는데 그 이유는 좋은 선생님 6명이 있었기 때문입니다. 형 셋, 누님 셋이 정말 선생님 같았는데, 바로 위 누님과 세 살 터울 형님이 배울 때 같이 배워서 여섯 살 때 구구단을 외우고 한글을 초등학교 들어가기 전에 다 읽었습니다. 지금은 대단하지 않지만 그때는 학교 가기 전에 한글을 읽는 것이 대단한 것이었고, 중학교 1학년 때는 수업이 끝나고 한글을 모르는 친구들에게 가르치기도 했습니다. 50명 중에 한글을 모르는 친구 7명을 제가 가르칠 정도인 깡촌에서 생활한 중학교 2학년 학생이 서울에 왔을 때는 놀라고 설레 나중에 이곳에 와서 살았으면 좋겠다는 꿈을 안고 서울을 둘러봤습니다. 그 이후 대학에 와서 서울이라는 곳을 처음 접했고, 촌사람이 서울사람이 되었다는 것도 제가 좋은 배경을 가지고 자라서가 아니라 시작이 미미했던 상황이라 더 큰 의미가 있었다고 봅니다.

1980년대 초에 대학은 대학생의 자유나 언론의 자유가 없었고 인권도 미비한 상황이었는데 다행히도 저는 글재주가 있어 대학 신문사 기자시험에 합격했습니다. 잉크 냄새 나는 신문이 겹겹이 쌓여있는 신문사에서 200자 원고지에 꾹꾹 눌러 기사를 썼던 것이 대학시절의 시작이자 4학년 졸업할 때까지도 신문사가 바탕이 되어서 '나중에 기자가 되어야겠다'는 생각을 갖게 되었습니다. 신문사의 매력에 빠져서 신문을 만들고 조판하여 배포하고 독자들이 읽은 후 후기를 리포트했습니다. 새로운 기획기사를 쓰기 위해 유명 인사들을 인터뷰하기도 했고, 유명한 스님들을 인터뷰하려고 사흘을 계곡 앞에서 먹고 자면서 인터뷰했던 열정이 있었습니다. 그걸 읽어주는 독자들의 반응이 너무 좋아서 열심히 뛰어다녔고, 대학인의 목소리를 담고 예쁜 학교의 풍경을 좋은 카메라에 담고, 그 사진에 작은 글을 써서 소담하게 신문에 올리곤 했습니다.

내가 할 수 있는 1등

어렸을 때 저는 계속 1등을 했습니다. 누님과 형님이 공부하실 때 보고 배운 것 때문에 조금 앞서가는 공부를 했고, 1등을 해야겠다는 생각을 머릿속에 담아두었습니다. 그런데 도시에 와서 공부를 해보니 잘하는 애들이 너무 많았습니다. 그래서 공부로 1등보다는 사회에서 직장생활을 처음 하면서 1등을 해야겠다는 생각을 했습니다. 좋은 대기업에 입사했다면 1등에 대한 다른 의미를 생각할 수도 있었겠지만, 이 사회에서 제가 이겨내려면 1등을 해야 한다는 생각을 하게 되었습니다. 회사에 가보니 훌륭한 선배도 많은데 언제 과장이 되고 부장이 될까를 생각했고, 그래서 저를 특별하게 만들어보자고 생각했습니다. 그래서 사회에서 제가 할 수 있는 범위 내에서 1등을 하는 것부터 시작했습니다. 첫 직장에서 6개월 만에 표창을 받았는데 그 이유가 항상 1등으로 출근하고 사무실에 불을 켜는 일을 계속 했기 때문입니다. 다른 분들이 봤을 때 '재는 맨날 와 있더라'라는 인식을 줄 수 있었고, 일찍 와서 미리 준비하는 것이 몸에 배어있어 지금까지도 그렇게 하고 있습니다. 또, 공부를 좀 더 하자는 생각에 나이 마흔에 석사학위를 받았습니다. 방송국에서 PD 생활을 하다 보니 회사에서 늘 1등을 하고 승진도 했지만 조경학 전공이라 방송에 대한 전문지식이 부족해서 나이 마흔에 대학원에 진학하게 되었습니다. 늦깎이 석사가 중요한 것이 아니라 4.3 만점에 4.17로 전 학기 1등이었습니다. 머리가 좋은 편이 아니라 엄청 노력했습니다. 저는 대학교 때 논리학 정치학 같은 과목은 A+을 받은 반면 전공 부분은 점수가 좋지 않아 만족스럽지 않았습니다. 고등학교 때부터 "나는 이거 전공하고 이렇게 살아야겠다"라고 정해놓고 계획대로 사는 경우는 많지 않습니다. 대학교 와서 공부하고 자기 영역에서 자유롭게 활동하면서 적성을 발견하고 자기 분야도 알게 되어 찾아가는 경우가 많은 편입니다. 저도 그런 활동을 통해 신문기자를 꿈꾸다가 방송국 PD가 되고 제가 몸담고 있는 언론 부분에서 제가 하고 싶은 걸 하게 되었고 재미있으니 더 열정적으로 대학원 공부를 열심히 하게 되었습니다.

회사의 직급은 사원－계장－대리－과장－차장－부장, 방송국에는 국장－이사－상무－전문 사장이 있는데 국내에서 거의 10단계도 넘는 직급 단계를 다 밟아서 지금 현재는 그룹의 부회장을 맡고 있습니다. 간혹 단계를 뛰어넘는 경우도 있지만 저는 한 단계씩 다 거쳐 올라왔는데 다만 다른 점이 있다면, 누구보다 빨리 승진했습니다. 임원이 되고 나서 더 빨리 승진했고 지금 사장이 된 지 10년 되었습니다. 저는 이 자리에서 1등을 해야겠다고 생각했습니다. 다른 사람들이 '전력질주'라

는 별명을 붙여줄 정도로 저는 전력질주를 좋아합니다. 전력질주 끝에 새로운 에너지가 생기는 게 우리의 인생이자 삶일 것입니다. 살다보면 당구도 치고, 탁구나 골프도 치는데 제 주변에 저만큼 골프 잘 치는 사람이 없습니다. 그럼 원래부터 잘 했느냐? 아닙니다. 운동신경이 없진 않지만, 1등을 해야겠다고 생각하고 가기 일주일 전부터 관리하고 도착해서도 몸 풀고 노력하여 늘 1등을 했습니다. 저는 회사의 대표이자 얼굴이기 때문에 1등해야 할 필요가 있을 때 1등을 하려고 했고, 회사 이름과 저 사람이 수장으로 이끄는 회사라고 알려져야 할 때 꼭 1등을 하려고 노력했습니다. 또한, 제가 잘해야 다른 사람도 배려할 수 있는 여유가 생기지 제가 못하면 다른 사람을 배려할 수 있는 여유도 없습니다. 그런 여유를 만들기 위해 노력했고, 못했을 때는 끝나고 집에 바로 가지 않고 연습해서 결과를 만들었습니다. 언젠가는 노력해서 업그레이드시키는 상황이 필요하기 때문입니다.

마지막으로 저는 경영자이고 사업을 이끌고 있지만 제가 이끌고 있는 회사의 직원일 뿐만 아니라 좀 크게 보면 이 사회와 세계 속의 곽영빈인데, 인생 후반기 1등은 새롭게 다른 사람과 나누고 베풀고 제가 가지고 있는 것을 필요로 하는 사람이 있다면 제공하면서 좀 더 보람 있고 의미 있는 1등을 하고 싶습니다. 돈 많이 버는 1등은 삼성 등의 대기업을 따라 잡을 수 없기에 불가능하고 이 사회와 후배들을 위해서 할 수 있는 일은 무엇인지 찾아서 노력하려고 하고 그런 인생 후반기를 만들고 싶습니다.

수저리더십

방송 산업에서 대표이사 15년은 거의 최장수라고 볼 수 있는데, 회사 경영자로 후배를 이끌고 이 사회의 리더로 기여하면서 바탕이 되는 15년 대표이사의 경영철학을 공유해 볼까 합니다. 대표이사 15년이라는 것은 노력의 결과이지, 운만으로는 다 되지 않는다고 생각합니다. 경영자의 덕목으로 필요한 것은 리더십인데, 각자 어떤 리더십을 가지고 있는지, 어떤 리더십이 필요한지에 대해 생각해볼 필요가 있습니다. 저는 창의적인 발견이 아니라 사람을 어떻게 관리하고 어떻게 키워나갈 것인가를 잘하는 사람이었다고 봅니다.

지금부터 3명의 일본 리더로 리더십을 설명해보겠습니다. 우선 첫 번째 인물인 오다 노부나가는 지금 말로 하자면 금수저인데, 영주의 큰아들로 많은 군사와 땅을 가진 사람으로서 독특하고 괴팍한 성격, 칼 같은 성격의 리더였습니다. 그는 천민이든 평민이든 귀족이든 능력이 있는 사람을 기용하고 무능한 사람은 가차 없이 버려 적재적소에 사람을 보내는, 본인이 가지고 있는 것을 최대한 활용하고 이길 수 있는 모든 것을 찾는 리더였습니다. 불행하게도 일본의 통일을 앞둔 시기에 친위대인 부하의 반란으로 상처를 입고 스스로 자결하여 49세의 나이로 생을 마감한 그는 도전력과 추진력을 지닌 벤처사업가형 사람입니다.

두 번째 인물로 도요토미 히데요시를 언급하려고 하는데 우리에게는 부정적인 인물이지만 사람 자체로만 보겠습니다. 도요토미는 가난하게 자라서 안 해본 일이 없이 살았는데, 방금 얘기한 오다 노부나가 밑에 들어가서 성실함, 부지런함, 아이디어를 인정받아 마필 관리사가 됩니다. 노부나가는 매일 아침 30리길을 말을 타고 달려갔다 오는데, 갈 때는 이런 계획 저런 계획을 생각하고 올 때는 결심을 한다고 합니다. 저도 가장 많이 하는 것이 이것을 할지 말지에 대한 결심인데 대부분의 CEO 일은 결심입니다. 어느 날 노부나가가 아침에 나가려고 하는데 도요토미가 품속에서 신발을 품고 있다가 꺼내주어서 이유를 물으니 주군의 발이 시릴까봐 그랬다고 합니다. 이를 계기로 노부나가는 천민 출신의 사람에게 장군 기회를 주어 도요토미는 칼을 쓸 수 있는 무사로 성장했습니다. 이로써 그는 뛰어난 언변과 성실함, 전략을 구사하는 능력으로 전 일본의 통일을 이루게 됩니다. 태생은 흙수저인데 성실함과 준비를 하고 있다가 기회가 왔을 때 충성심, 성실함으로 어필하고 뛰어난 언변으로 설득을 했습니다.

마지막 인물인 도쿠가와는 엘리트형으로 때가 올 때를 기다리며 인내하는 스타일입니다. 노부나가가 지어놓은 쌀에 히데요시가 떡을 만들고 도쿠가와는 떡을 먹는다'라는 얘기도 있습니다. 어떤 사람은 금수저로 태어나서 전략을 한 사람이고 어떤 사람은 흙수저로 태어나서 성실함과 충성심을 바탕으로 했고, 한 사람은 은수저쯤으로 볼 수 있는데 어떤 굴욕에도 기다릴 줄 알고 인내하는 유형이라고 볼 수 있습니다. 성공하는 사람은 다 이유가 있기 마련입니다. 많은 CEO를 만나서 여러 가지 일을 해봤지만, 성공한 사람에게는 모두 하나의 칼이 있었습니다. 자신에게 잘 어울리는 칼을 가지고 있는가가 리더십입니다. 우리 리더십은 요즘 세대에 맞아야 하고 좀 더 사회에 맞게 공감을 받을 수 있는 리더십을 창출해야 한다고 볼 수 있습니다.

15년의 리더십

제가 살아온 리더십은 첫째, 겸손의 리더십입니다. 저를 낮추고 상대방을 높여야 하는데 상대방을 높이는 것도 어렵습니다. 상대방을 높이는 포인트를 센스 있게 찾아내고 발견할 줄 아는 게 힘이고, 그게 겸손입니다. 만난 지 얼마 안 되었는데 자꾸 비행기 태우면 부담스럽게 느껴집니다. 상대를 높일 수 있는 방법은 자신을 낮추는 것이고, 자신을 낮추면 상대적으로 상대가 높아질 수밖에 없습니다. 저는 어느 건물이든 경비, 청소 하시는 분들이 얼굴이라고 생각합니다. 제가 1등으로 출근했을 때 가장 많이 만난 분이 청소하는 분들이었고, 제가 같이 청소도 했습니다. CEO로 오래 일하면서 경비아저씨들에게 인사를 꼭 하는데, 그러면 경비아저씨들이 주말에 있었던 일이나 누가 야근했는지 등을 다 말해주십니다. 명절 선물도 직원들 것과 똑같이 드립니다. 만약 회사에 무슨 일이 있으면 그분들이 회사를 대변해주십니다. 명절에 대표이사 이름으로 선물을 받으면, 저는 안 가져가는 대신 선물 중 가장 좋은 것부터 가장 낮은 직급의 직원에게 나눠줍니다. 이것은 저희 회사의 오랜 문화이고 그래서 이렇게 선물을 나누는 것에 대해 아무도 이의를 달지 않고 인정합니다. 기본적으로 가까이 있는 사람들 가족이나 회사 사람들, 경비원, 청소하시는 분들을 관리해야 됩니다. 물론 멀리 있는 거래처 사람도 중요하지만 우선 가까이 있는 사람부터 관리하는 것이 첫 번째 저의 노력입니다. 두 번째는 강자에게 충고할 수 있는 기개라고 생각합니다. 본성은 바꿀 수 없지만 본성을 만들어나갈 수는 있다고 생각합니다. 회사 선배나 위에 있는 사람이 잘못된 일을 한다면 맞는 의견을 계속 생각해보라고 건의해보는 자세가 필요합니다. 한 번 안 한다고 한 것은 윗사람도 바꾸기 힘들지만 설득을 어떻게 하느냐에 따라 윗사람의 의견도 바꿀 수 있기 때문에 옳다고 생각하는 것을 주장할 수 있어야 합니다. 세 번째, 리더는 품격이 있어야 합니다. 물건도 작은 것이지만 나한테 어울리는 게 있으면 품격이 있는 것이고 리더십도 마찬가지라고 볼 수 있습니다. 리더십이라는 것이 카리스마도 있어야 하지만 작은 부분인 언어, 표정, 배려의 품격 리더십도 필요합니다.

리더가 되었을 때 자기 고집으로 끌고 가는 힘이 필요한데 그러려면 설득이 중요합니다. 충돌은 발생할 수밖에 없는데 모든 사람을 설득할 수는 없지만 과감하게 끌고 가는 힘이 필요하고, 이를 통해 결과적으로 좋은 성과를 만들어내면 누구나 신뢰하게 됩니다. 충돌은 했으나 좋은 결과를 만들어냈으니 승자로서 충돌한 사람을 배려하여 경쟁자이자 파트너라는 느낌을 줄 수 있어야 합니다. 어린이 애니메이션 채널이 17개 있는데 저희 회사도 그들에게 등 돌리고 적대감을 나타내지 않고, 정보와 프로그램도 교류하고 같이 식사도 하며 이끌어갑니다. 그래야 이 산업이 발전하고 같이 공유하고 교류할 수 있기 때문에 함께 성장할 수 있도록 지원하고 있습니다. 캐릭터 사업의 활성화를 위해 저희가 라이선스를 가지고 오지만 서브라이선스는 다른 회사에 주고 회사를 운영할 수 있게 염가에 쓰도록 배려해서 산업을 활성화시키려고 노력하고 있습니다. 경쟁자이지만 파트너이기도 해서 같이 산업을 끌고 갈 수 있는 리더십도 중요하다고 생각합니다.

1m의 철학

제가 가지고 있는 생각 중에 '1m의 철학'에 대해 말씀드리려고 합니다. 이것은 제가 초기에 이 회사를 만들기 전 회사에서 신입사원 교육할 때 책에서 봤던 것을 응용해서 만들었던 내용입니다. 1m 철학이란 미국 서부개척시대 때 한몫 잡기 위해 서부로 이동할 때 이야기입니다. 어떤 사람이 금맥을 캐려고 서부로 이동해서 금맥이 있다는 땅을 구입하게 됩니다. 금맥을 캐는데 금이 안 나와서 몇 군데를 더 파다가 금이 또 안 나와서 쫄딱 망하고, 있는 돈을 다 탕진하고 나와서 보험업을 하게 됩니다. 그 당시에 무자본으로 할 수 있는 것 중에 하나가 보험업이라서 가진 돈도 없으니 보험업을 했는데, 친구, 동료 주변사람한테 가입을 거절당하고 잘 안 되는 상황에 어느 날 손님이 찾아왔습니다. 금맥을 캐다 포기하고 샀던 가격의 반도 못 받고 땅을 팔았을 때 그 땅을 샀던 사람이 온 겁니다. 그 사람이 자신이 팔았던 땅에서 금맥을 파는데 이왕 파는 김에 파고 있었던 것을 더 파보자 해서 1m를 더 팠더니 금이 나왔다는 겁니다. 전 주인이 파고 있던 다른 곳들도 1m를 파니까

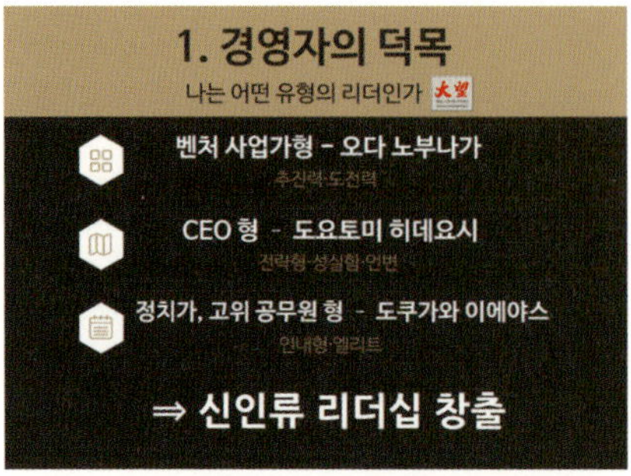

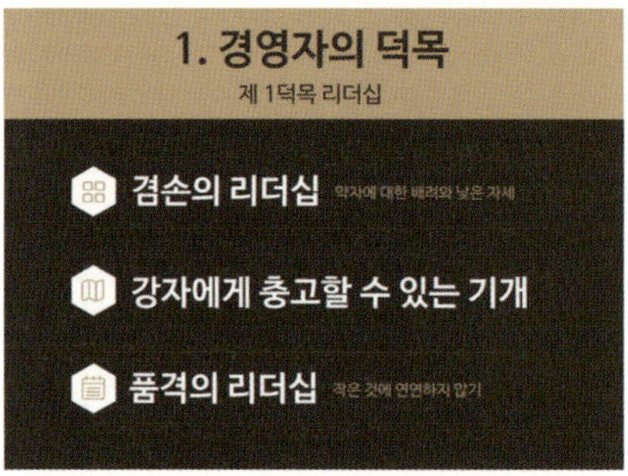

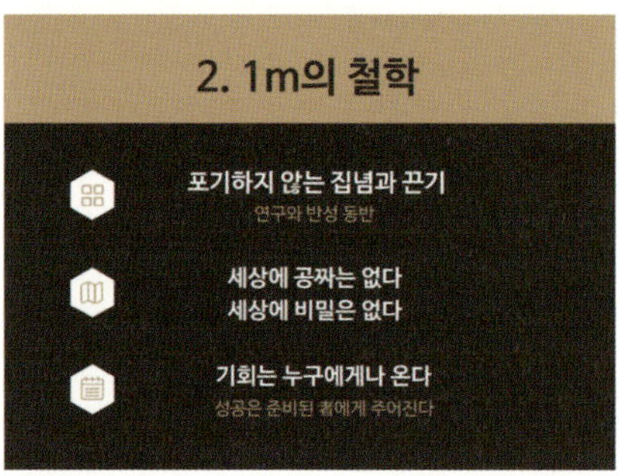

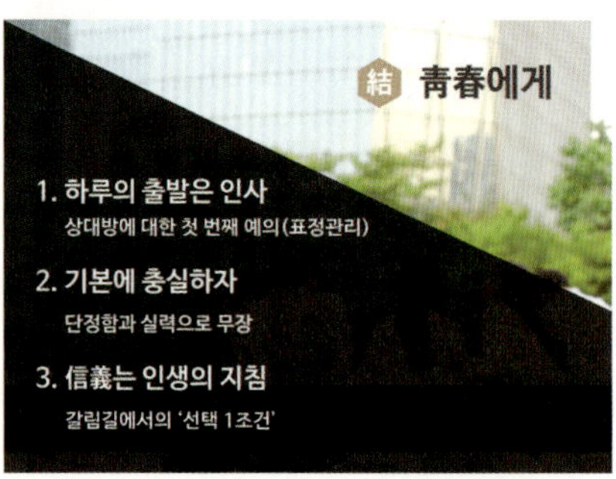

금이 나와서 부자가 되었고, 그래서 주변에 감사한 분들께 인사를 드리다가 자신에게 그 땅을 헐값에 판 사람이 생각나서 감사인사를 하러 왔다는 겁니다. 땅을 산 사람은 감사하다고 금덩어리 하나를 선물로 가져왔는데 땅을 판 사람은 그것보다 더 큰 선물을 받았다고 생각하고 그 금덩어리를 물리고 다시 시작하게 됩니다. 다시 금맥을 캐러 간 것이 아니라 거절했던 보험 고객들을 다시 찾아 갑니다. 어쩌면 어떤 사람을 설득하고 있었는데 조금만 더 설득하거나 기다려주면 되는데 그걸 못 기다려서 결과가 좋지 않은 경우가 많습니다. 사회는 경쟁이 심해서 누군가 기다려주거나 졸업하자마자 좋은 것이 기다리고 있지 않습니다. 이 동화 같은 1m의 철학을 마음속에 되새기고 누군가를 설득할 때 한 번 더 노력하고 부탁할 필요가 있습니다. '회사 사장인데 그렇게까지 해야 되나?'라고 생각할 수 있지만 제가 꼭 가지고 오고 싶은 콘텐츠를 가지고 오는 힘이 1m의 철학입니다. 설득시키기 위해 제안서도 다시 쓰고 진심을 다해 노력해서 다른 회사가 더 많은 돈을 제시했음에도 저희 회사가 가져올 수 있었던 겁니다.

또한, 세상에 비밀을 없으니 솔직해야 합니다. 살짝 덮어놓고 그냥 넘어가면 2~3년 뒤에 다 드러나고 문제가 됩니다. 모든 것을 공개하고 해결점을 찾아야 합니다. 연애할 때도 문제가 있을 때 덮어놓으면 안 되고, 솔직하게 실수에 대한 용서를 구하면 더 오래 갈 수 있고 덮어놓다가 걸리면 아웃됩니다. 또 하나는 기회는 누구에게나 온다는 겁니다. 금수저나 은수저나 흙수저나 누구에게나 기회는 옵니다. 제가 부모님이 부자여서 지금 이 자리에 있는 것은 아닙니다. 조금 더 용기 있게 뛰어들어서 기회를 잡고, 기회를 잡았을 때 나의 열정과 성실성을 그들에게 보여주고 믿게 해주는 것이 성공에 있어서 중요한 것입니다. 좋은 리더십은 좋은 결정을 하는 데 있다고 볼 수 있습니다.

청춘에게

들기만 해도 설레는 것이 청춘이라고 했습니다. 이 청춘들에게 예순 즈음에 제가 하고 싶은 이야기는 ① 하루의 출발은 인사, ② 기본에 충실하자, ③ 신의는 인생의 지침이라는 세 가지를 말씀드리고 싶습니다. 저희 회사는 인사 문화가 있습니다. 그 대신 출퇴근 체크 없이 자유롭게 일합니다. 매일 아침에는 다 인사하면서 직원들의 기분이나 상태를 파악합니다. 제1교육이 인사하는 겁니다. 아침에 와서 인사하는 것이 예의이며 기본 중에 기본이고 중요합니다. 다음으로, 기본에 충실하자는 것은 모든 학문과 사람에 있어서 기초가 탄탄하여 기본이 잘 되어 있다면 위로 쌓이게 됩니다. 기본이 없는데 위로 쌓으면 매우 위험합니다. 단정함과 실력으로 복장 하나 말투 하나 표정 하나까지 관리하는 기본이 충실한 리더를 사회가 기다리고 있다고 봅니다. 끝으로 신의는 인생의 지침이라고 했습니다. 저는 살아오면서 결심을 할 때 결심하는 주요 요소 중 A로 갈 경우 B를 선택하지 않았을 때 발생되는 문제가 무엇인가? B로 가지 않았을 경우 관련된 사람이나 회사에게 신의를 저버리는 것이 있는가? 저 회사랑 어떤 관계를 유지하여 왔는가를 생각하고 B 입장에서 저희 회사가 버린다는 느낌을 받지 않게 하려고 노력합니다. 이분과의 신뢰를 깨지지 않게 하는 게 사업을 지속적으로 유지할 수 있는 방법입니다.

지금까지 제가 살아왔던 길 일부와 사업하면서 일했던 정신, 제가 부족했기 때문에 해주고 싶은 이야기를 말씀드렸습니다. 웃어주면서 제 이야기를 읽어주셔서 감사합니다.

Q 좋아하는 책이 있으면 추천해주세요

A 저는 《이기는 습관》을 읽고 많은 도움이 되었습니다.

Q 지키시는 신조가 있다면 무엇인가요?

A 위에도 언급했지만 가장 기본인 인사를 잘 하는 것입니다.

Q 생활하시는 스타일은 어떠신가요?

A 생각보다 게으른 편이라고도 말할 수 있겠습니다. 저는 아침형 인간은 아니고, 대신 늦게까지 시간을 쓰면서 잠을 길게 자기보다는 대체로 짧게 자는 편입니다.

강연 후기

곽영빈 대표님께서 말씀해주신 자라 온 과정과 대학시절, 그리고 대원방송(주) 이전의 첫 직장에서의 사회를 지나오신 경험을 통해 선배님의 삶에 대한 자세를 볼 수 있었고, 그 속의 정직함과 창의력, 열정은 나에게 영감이 되었다. 이전에는 멀게만 느껴지고 모호하던 기업가라는 대상을 곽영빈 대표님의 경영철학을 통해 기업가란 무엇이며, 무엇을 준비하고, 어떠한 자세로 임해야 하는가를 알 수 있게 되어 감사했다.

강연에 앞서 "정직, 창의, 열정"을 논하며 "정직한 사람들이 모여 창의적인 일을 열정을 다하여 일하는 것"이라고 말해주신 것이 강연을 듣는 동안 좋은 지표가 되었다. 첫 직장에서 1등으로 출근하여 불을 켜는 모습, 전력질주 끝에 고갈이 아닌 또 다른 에너지가 생긴다고 하신 말씀을 통해 성실함과 열정의 중요성을 배울 수 있었다. 본인이 하는 분야에서 최선을 다하기 위해서 마흔 살에 언론학 석사과정을 전 학기 1등으로 마친 모습에서는 자신의 일에 최선을 다하는 자세를 배울 수 있었다. 또한 운동도 잘해야 상대를 배려할 수 있다며 운동에서도 노력하시는 모습에서 추구하시는 정직, 성실, 삶의 자세를 엿볼 수 있었다.

겸손의 리더십에서는 약자에 대한 배려와 낮은 자세의 중요성을 강조하시며 상대를 높이려면 나를 낮출 수밖에 없다고 말씀하셨다. 가장 먼저 불을 켜는 이에게 가장 많고 세세한 소식을 듣는다며 경비, 청소해주시는 분께 공손하라고 조언하신 말씀에서 이해와 공감이 얼마나 큰 힘이고 가까운 이들을 생각하고 귀히 여기는 마음이 기업가에게 얼마나 중요한 것인지 알게 되었다.

끝으로 하루의 출발은 상대방에 대한 첫 번째 예의인 인사를 강조하신 것에서 함께하는 이들에 대한 태도의 중요성을 다시금 상기시킬 수 있었고, 단정함과 실력으로 주장된 기본에 충실하라는 말씀을 통해 창업에 앞서 지금 내가 하고 있는 전공에서 먼저 기본을 단단하게 해야겠다고 다짐했다. 마지막으로 "신의는 인생의 지침"이라는 말씀을 마음에 새기며 강연해주신 곽영빈 대표님께 감사함을 전한다.

건축학부 **김 다 빈**

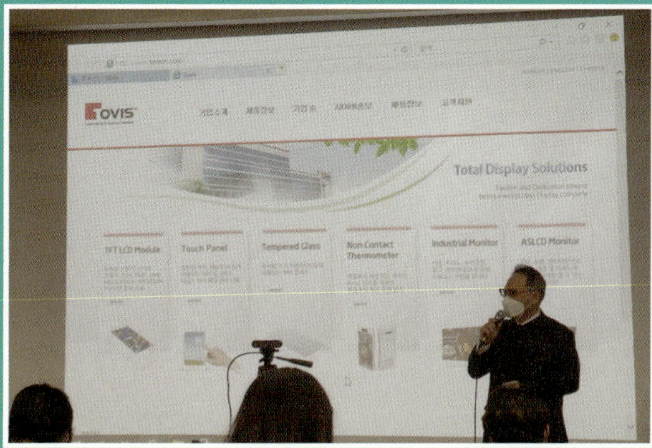

(주)TOVIS(토비스) 대표 **김 용 범**

회 사 명 (주)TOVIS(토비스)

회사소개 토비스는 최고의 인재와 기술력을 바탕으로 디스플레이의 기본 단위인 TFT-LCD 모듈부터 산업 디스플레이로 사용되는 Industrial 모니터 주문형 TFT-LCD 모니터인 ASLCD 모니터와 디스플레이의 사용을 편리하게 해주는 터치패널까지 고객이 꿈꾸는 디스플레이 제품을 제공하는 World Best Display Solution Company

설립연월 1998년 9월

사업분야 산업용 및 게임용 모니터 제조 및 판매

매 출 액 4,189억(2019년)

직 원 수 240명(2020년)

기업가적 리더십 키워드

전문가, 준비성, 도전, 목표

(주)TOVIS(토비스) 대표
김 용 범

Why?

저희 회사명은 'TOVIS'로 'Total Visual Interface Solution'의 약자입니다. 영상기기를 주로 개발, 생산하고 있고 인터페이스(Interface)를 총망라해서 토털 솔루션(Total Solution)으로 제공해 주는 회사입니다. 제가 기업가정신에 대해 이론적으로 말씀드릴 수 있는 것은 많지 않습니다. 그런 것들은 교과서를 통해 배울 수 있을 것이고 저는 기업가로서 1998년에 창업해서 경험한 것들에 대해 주로 설명하고자 합니다.

저는 1998년에 창업을 했는데 '기업을 왜 하게 되었나? 어떤 이유로 창업하게 되었고, 그런 일들을 해야 되는가?'라는 질문에 대해 스스로의 경험으로 답을 해보겠습니다. 제가 젊었을 때는 지금의 여러분과 달리 학교 다닐 만하고 먹고살 만한 그런 사람보다는 경제적으로 어려운 사람이 훨씬 많은 시절이었습니다. 저도 마찬가지로 일반적이고 가장 많은 비중을 차지한 어려운 부류의 사람이었습니다. 저는 5남매 중 막내였는데 중1 때 아버지가 돌아가셔서 굉장히 막막했고 주변에서도 학교 그만 다니고 돈 벌라는 얘기를 많이 해서 어릴 때 굉장히 힘들었습니다. 그래도 어머님과 형제들이 학교는 다녀야 한다고 해서 중학교를 졸업했고, 대학 진학이 쉽지 않을 것 같아 실업계 고등학교를 갔습니다. 취업이나 스스로 자립해서 돈을 벌려고 실업계 학교에 진학했기 때문에 기능적인 공부만 열심히 했고, 다른 공부는 거의 안 하고 친구들과 열심히 놀러 다니면서 고등학교 시절을 보냈습니다.

그런데 고졸로 취업을 했을 경우 대졸과 차이가 많이 났기 때문에 저는 스스로 원하는 삶을 살겠다는 생각에 사업을 하겠다고 마음먹었습니다. 사업을 하려면 경험이나 자본이 있어야 하는데 어린 나이니까 주변 사람들에게 늘 '나는 사업을 할 건데, 40살에 하겠다'고 했습니다. 그래서 고등학교 졸업 후 약 2년간 직장 생활을 하면서 제가 할 수 있는 것이 무엇인지 찾아보려고 했는데, 다른 직원들과 점점 차이가 생기니 고등학교 졸업만 가지고는 할 수 있는 게 많지 않다는 것을 느꼈습니다. 당시에는 고등학교만 졸업해도 성공할 수 있을 줄 알고 2년을 해 봤지만, 안 되겠다는 생각에 빠르게 포기하고 그때부터 공부를 했습니다. 상상을 초월할 만큼 짧은 시간에 미친 듯이 공부를 해서 대학에 입학했고, 어려운 환경이었지만 서울시립대학교는 등록금도 싸고 장학금도 많이 줘서 덕분에 잘 다닐 수 있었습니다. 그런데 졸업을 한 뒤 취업하려고 면접 볼 때 문제가 좀 생겼습니다. 면접을 보게 되면 왜 지원했느냐는 질문을 꼭 받게 되는데, 워낙 성격이 직선적이라 면접관 마음에 드는 대답을 하지 않고 '저는 앞으로 사업할 건데 사업을 준비하기 위해서 왔습니다'라고 대답했습니다. 꽤 여러 군데에서 면접을 봤는데 다행히 한 군데에서 인정해 주었습니다. 면접관이 '그래, 너 사업할 건데 몇 년 다닐래?'라고 물어서 '5년 다니겠습니다'라고 대답했습니다. 5년 다니면 조직으로서의 체계를 알 수 있고, 사업을 차릴 수 있는 수준이라고 생각했습니다. 다행히 합격했고, 합격한 회사는 대우전자의 영상연구소였습니다.

창업을 위한 경험 - 남이 가지 않는 곳

나중에 사업을 할 마음이 있었지만 그렇다고 회사에 입사하자마자 사업을 준비한 게 아니라 앞으로 뭘 하기 위해서 반드시 필요한 게 기술이고 전문가가 되는 것이라고 생각해서 정말 미친 듯이 일했습니다. 5년 동안 토요일, 일요일까지 거의 매일 출근했습니다. 회사의 프로젝트는 대부분 일정이 있고 일정에 쫓기다 보면 실력을 올리기가 힘들기 때문에 주로 주말에 제가 하고 싶었던 일을 했습니다. 그렇게 3~5년쯤 되니까 회사에서 어려운 일, 안 풀리는 일은 전부 저한테 오기 시작했습니다. 5년이 지날 때쯤 사업을 하려면 어떤 아이템으로 시작하는 게 좋을지 고민했습니다. 저는 어차피 영상연구소에 있었고 당시에 연구하던 게 TV였는데 그것만 하면 안 될 것 같아서 주말에 다른 모니터 제품에 대해서 혼자 연구했습니다. 그리고 6년째 접어들 때 사표를 썼고, 현실적으로 가능한 선에서 5명 정도가 같이 사업을 하자고 회사를 차렸습니다. 한 사람 더 같이 하려고 했는데 회사에서 6명씩 나가는 것을 달가워하지 않아 나머지 5명이 먼저 나갔습니다. 그리고 저는 남아서 회사에서 제일 힘든 것, 남들이 안 하는 것을 하고 그 이후에 그만두겠다고 하고 1년 더 일했습니다.

그래서 남들이 안 하는 일, 싫어하는 일을 담당했는데 그게 내수였습니다. 내수는 품질에 좀 문제가 생기면 바로 가서 해결을 해줘야 했습니다. 저는 전국에 있는 A/S센터를 다 돌아다니면서 문제가 생긴 것들을 다 해결했습니다. 또 사람들이 기피하는 일은 안전하지 않은 나라에 출장 가는 것이었습니다. 일본, 영국, 미국, 호주, 캐나다 같은 나라는 서로 출장을 가려고 했지만, 인도, 중동, 아프리카, 중남미 같은 나라는 출장을 가려는 사람이 많지 않았습니다. 그래서 직급이 제일 낮았던 제가 해외 출장을 많이 갔습니다. 아무도 안 가니까 중남미부터 아프리카, 인도 등 안 가본 곳이 없이 출장을 다녔고, 그것이 저에게는 큰 자산이 되었습니다. 그래서 먼저 창업한 회사가 처음으로 잡았던 아이템이 TV를 세트로 완성시켜서 판매하는 게 아니라 오픈 형태로 판매해서 현

지에 있는 공장에서 조립 후 현지 브랜드로 판매하는 형태였습니다. 비즈니스모델을 B2C가 아니라 B2B 형태로 운영했습니다. 먼저 5명이 창업을 했던 회사는 매출도 잘 올려서 그쪽은 계속 TV를 하고 저는 모니터로 분리를 해서 나온 것이 지금의 (주)TOVIS(토비스)입니다.

B2B로의 선택

라스베이거스(Las Vegas) 하면 떠오르는 것이 카지노입니다. 예전에는 카지노의 게임기가 LCD로 되어 있고 화면에 커브가 있었습니다. 저는 사업할 당시 비디오로 할 수 있는 게임인 '비디오포커'를 가지고 와서 시작했습니다. 제가 평소에 마음먹었던 것이 B2C는 하지 않겠다는 것이었습니다. B2C는 자금력도 있어야 하고 고객들의 니즈나 트렌드도 빨리 변해서 고려해야 할 것들이 많기 때문에 대응하기가 어려웠기 때문입니다. B2B는 상대하고자 하는 기업에 포커싱한 뒤 최선을 다해서 만족시켜 주면 오래 거래할 수 있고, 또 새로운 거래를 만들어 나갈 수 있는 확률이 상당히 높아집니다. B2C를 기반으로 TV나 휴대폰 같은 가전제품을 생산할 경우 주기가 굉장히 짧아서 창업하는 초창기의 기업이 따라가기는 굉장히 어렵습니다. 하지만 B2B는 기업을 상대로 해서 고객기업에 모든 걸 올인할 수 있고, 개발에 소요되는 비용들은 셰어를 하거나 고객기업에서 개발비를 포함해서 주는 경우도 있기 때문에 저는 처음부터 아예 B2B로 마음을 먹었고, 그래서 비디오게임 아이템으로 1998년에 창업을 하게 되었습니다.

업계에서 살아남기 위해서는 똑같이 만들어서는 안 되고 차별화해야 했습니다. 그래서 화면 사이즈를 자르기도 했고, 유리를 깎아 화면이 휘어지게 만들어서 차별화에 성공했습니다. 그래서 고객한테 '우리는 이렇게 화면을 휘게 할 수 있다. 우리가 만들어 주면 쓰겠냐?'고 해서 데모를 하고 쇼를 열어 여러 고객에게 제품에 대해 알렸습니다. 고객들이 인정해 줘서 더 열심히 일하여 제품을 만들기도 했습니다. 저희 제품은 라스베이거스와 강원랜드에 다 있습니다.

여러분이 꼭 기억했으면 하는 창업 준비 과정은 전문가가 되기 위해 노력해야 한다는 것입니다. 만약 식당을 창업하거나 다른 것을 하실 때에도 반드시 해당 분야에서 최고의 노력을 다해 전문가가 되어야 합니다.

도전 목표

저희 회사의 아이템은 해당 분야에서 최고라고 자부하고 있고, 매출이 5천억 정도에 이르기까지 상당히 많은 발전을 해왔습니다. 창업을 하겠다고 마음먹었을 때, 저는 어려운 환경에서 살아왔던 만큼 사회에 공헌할 수 있는 연구소 또는 복지재단을 설립하는 것이 목표였습니다. 그래서 'TOVIS Trigger 재단'이라는 복지재단을 재작년에 세웠고, 번 돈을 훗날에 의미 있게 쓰는 일들을 하고 있습니다.

창업은 도전입니다. 어떤 도전이냐면 본인의 재력이든 자산이든 노력이든 모든 것을 걸어야 하는 도전입니다. 창업을 하겠다고 했으면

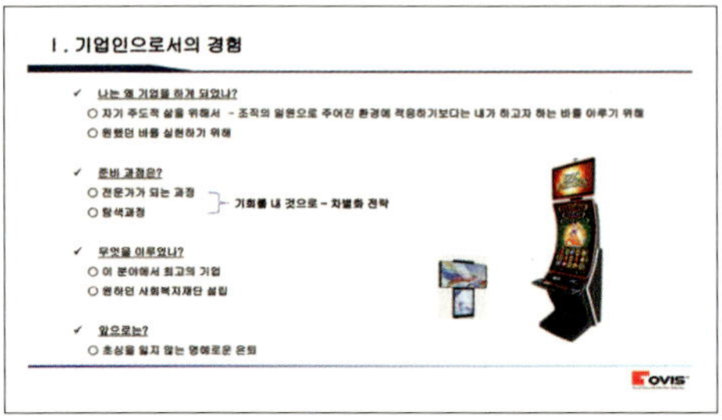

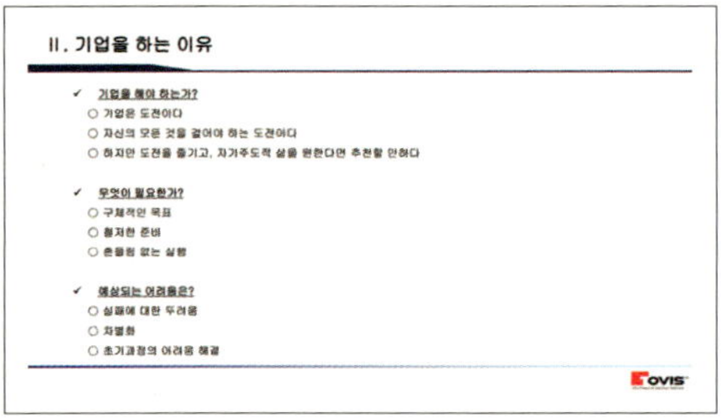

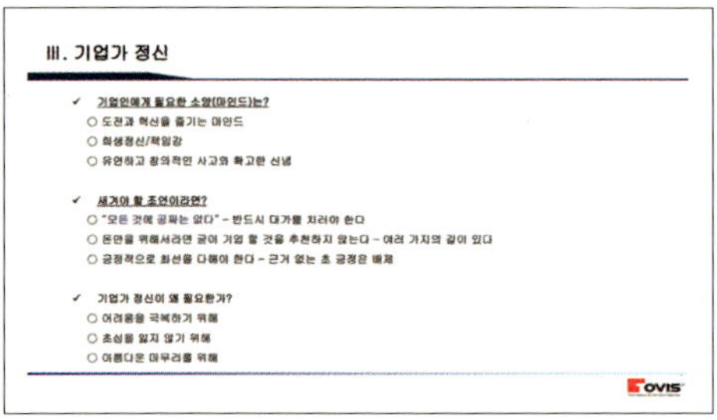

성공을 해야 하니 모든 것을 다 걸어야 하는데 그렇다고 언제나 꼭 성공하지는 않습니다. 성공할 수 있는 확률을 높이는 2가지를 가지고 도전한다면 충분히 모든 것을 걸 만하다고 봅니다. 우선 자신이 원하는 것을 해야 합니다. 예를 들면 차별화되어야 경쟁에서 우위를 차지할 수 있다고 생각해서 제가 커브드를 개발할 때 LCD를 수천 장 깼습니다. 그런데 큰 조직에 있으면 그렇게 하는 것이 쉽지 않습니다. 물론 전폭적으로 밀어주는 경우라면 가능한 부분도 있겠지만, 제 경우에는 창업을 했고 차별화된 제품이 회사를 성장시킨다는 확신이 있었기 때문에 그렇게 투자할 수 있었습니다. 도전에서 성공확률을 높이는 첫 번째는 구체적으로 무엇을 어떻게 하겠다는 목표가 반드시 있어야 합니다. 저는 처음에 40세에 사업을 하겠다고 마음을 먹었는데 38세에 창업을 했습니다. 스스로 작정을 하고 마음을 먹었으면 어느 시기에 어떤 방식으로 하겠다는 구체적인 목표를 수립해야 합니다. 아이템은 20년 전에 목표를 잡아 20년 후에 창업한다면 상황이 변하기 때문에 어렵습니다. 도전에서 성공확률을 높일 수 있는 두 번째는, 창업할 시기에 판세를 보고 아이템을 결정하고 철저하게 준비해야 합니다. 제가 사직서를 쓰고 2년 정도 더 일해 주겠다고 했을 때, 후배를 많이 괴롭혔습니다. 다른 것으로 괴롭힌 게 아니라 일을 많이 시켰는데 지금 만나서 얘기하면 제일 고마워합니다. 철저하게 준비한다고 해서 회사에서 일은 제쳐 두고 자기 것만 준비하라는 얘기는 아닙니다. 그것은 직업윤리에도 문제가 되고 평판에도 부정적인 영향을 미칩니다. 평판이라는 것은 굉장히 중요하기 때문에 철저하게 준비하되 서로 도움이 되는 방향으로 노력을 해야 합니다.

또한, 요리든, 기술이든, 금융이든, 인문학이든, 예술이든 상관없이 전문가가 되어야 합니다. 사업이라는 것은 경쟁이고 늘 선택의 기로에서 결정해야 하므로 차별화는 반드시 필요합니다. 초기 과정의 어려움을 해결할 때에도 여러분의 전문 분야에서 어느 정도 틀을 잡아 놓았다면 성공확률이 훨씬 더 높아지고, 어려움도 해결될 것입니다.

보존과 혁신의 리더십

제가 기업가 중 가장 존경하는 사람이 유한양행을 설립하신 유일한 박사입니다. 이 분은 1971년도에 돌아가셨는데 그 당시에는 대부분 기업을 자식이나 가족에게 물려줬습니다. 하지만 유일한 박사는 전문경영인에게 경영권을 승계하고 자신의 재산을 사회에 환원하고 돌아가셨습니다. 그 이후 유한양행은 전문경영인 체제로 유지되고 있습니다. 기업가가 된다면 첫 번째가 보존과 혁신을 즐길 줄 알아야 합니다. 제가 앞에서 언급한 것처럼 LCD를 2천 장 깨야 한다면 과감하게 깰 수 있어야 합니다. 물론 비용을 생각하면 쉽지는 않지만 그런 마인드는 있어야 합니다. 기업가로서 한 조직의 리더가 된다면 희생정신과 책임감이 필요하며 리더에게 희생정신과 책임감이 없다면 그 조직은 이미 죽은 조직이 됩니다.

기업가나 대표이사를 생각하면 대개 경제적인 성공을 생각하는데, 틀린 얘기는 아니지만 돈만 벌려고 한다면 꼭 사업을 안 해도 되고 다른 방법도 많이 있습니다. 여러분들이 사업을 하실 때에는 자기 소신이 있어야 되고 하고자 하는 게 있어야 합니다. 그 바탕 위에서 기업을 하신다면 훨씬 기업이 의미가 있고 더 탄탄하게 갈 수 있다고 생각합니다.

마지막으로 드리고 싶은 얘기는 기업가정신의 필요성은 어려움이 있을 때 해결하기 수월하다는 데 있습니다. 제가 추천하는 것은 편법보다는 정공법을 선택하여 피하지 말고 해결해 나가야 한다는 것입니다. 저희 회사가 2004년도에 상장을 했는데 상장을 준비하는 과정에서 성과가 생각만큼 좋지 않았고 투자자들의 생각과 달라 많이 고민했지만 정공법으로 갔습니다. 다만 정중하게 정공법으로 가서 이해를 구했습니다. 기업가정신이 있다면 이런 어려운 상황을 잘 극복해 나갈 수 있습니다.

제가 사업을 5명으로 시작하면서 다짐한 2가지가 있습니다. 첫 번째, 직원 월급은 무슨 일이 있어도 단 하루도 밀리지 않겠다는 것과, 두 번째는 어음 관리를 잘 한다는 것이었습니다. 초기에는 빚을 지기도 했지만 지금까지 잘 지켜지고 있습니다. 그리고 마지막으로 처음에 창업을 하고 성장시키고 안정화시키는 과정을 여러분 스스로 경험하고 그 마지막에 위기를 넘어설 수 있는 능력이 기업가정신이라고 보고, 이 과정을 잘 관리한다면 성공한 기업가라고 생각합니다. 여러분들이 뜻이 있고 자기주도적인 삶을 원한다면 저는 사업을 추천한다고 감히 말씀 드리겠습니다. 철저히 준비하고 확실하게 목표를 수립한 뒤 시작했을 때 자기의 모든 것을 건다면 반드시 기업가로 성공할 수 있다고 말씀드리고 싶습니다.

강연 후기

우리가 흔히 아는 디스플레이를 개발하고 제작하는 회사를 창업하신 김용범 대표님께서는 왜 창업을 하게 되었고, 창업 준비과정을 정말 자세하게 말씀해주셨다.

사실 창업을 성공하기까지, 또는 성공한 후 과정이나 결과에 대해 말씀해주시는 것도 도움이 되겠지만 김용범 대표님처럼 왜 창업을 시작했는지와 준비과정에 대한 경험들이 창업에 관심을 갖고 시작해보고자 하는 학생이나 젊은 사람들에게 제일 먼저 필요한 내용들이라는 생각이 들었다. 기업을 하고자 하는 이유가 분명하고 준비과정을 철저히 해야 창업에 성공할 확률이 높다는 것을 느꼈다.

대표님께서는 창업, 즉 기업을 직접 하려는 이유가 정말 분명하셨다. 자기주도적인 삶을 위해, 조직으로 이루어진 환경에 적응하기보다는 내가 하고자 하는 바를 이루기 위해, 원했던 바를 실현하기 위해 시작했다고 하셨다. 이 동기는 과거부터 시작됐는데 중고등학교 때부터 학력에 제한받지 않고 조금 더 기회를 갖기 위해 늦게 대학에 입학하고, 40살에는 꼭 창업을 하겠다는 구체적인 계획을 세우셨다고 한다. 특히 40살에는 꼭 기업을 하겠다는 다짐이 이미 취직하고 일했던 회사를 그만두고 과감히 창업을 할 수 있었던 동기라고 하셨다. 우리가 흔히 확실하고 구체적인 목표를 세우는 게 중요하다는 이야기를 하지만 실제로 실천하는 경우는 드물다. 나 역시도 매년, 매 학기마다 계획과 목표를 세우지만 끝까지 지키지 못할 때가 많다. 대표님의 경험, 이야기는 목표를 끝까지 유지하고 실천하는 것이 성공에 얼마나 중요한지 다시 한 번 깊이 깨닫게 해주었다.

김용범 대표님께서는 창업 전에 5~10년 정도 다른 기업에 취직하여 전문가가 되기 위해 엄청나게 노력하셨다고 한다. 평일에는 회사 일을 하고 주말에는 자신이 더 하고 싶은 실험들을 하기도 하고, 본인이 나서서 남들이 기피하는 해외 여러 나라에 출장을 다녀왔다고 한다. 이는 이후 창업했을 때 도움이 되기도 하고, 새로운 길에 대한 두려움을 줄여주는 등 큰 자산이 되었다고 하셨다.

취업을 하고 다양한 경험을 하면서 이후 창업 아이템을 탐색하고 설정하셨다고 한다. 즉, 회사에서 경험을 준비과정 삼아 전문가가 되는 과정, 탐색과정을 거쳐 기회를 자신의 것으로 만드셨다. 또한, 차별화 전략을 세워 창업 아이템의 경쟁력을 키웠고 이에 확신을 가지고 밀어 붙여 성공할 수 있었다고 하셨다. 대표님은 40대에 창업을 하겠다는 목표를 잊지 않고 철저하고 끊임없는 준비과정을 거쳐 창업을 성공하는 결과를 이루어 내셨다.

성공을 할 수 있었던 이유가 단지 좋은 아이템, 아이디어, 운 덕분만이라고는 할 수 없다고 생각한다. 대표님께서 운과 기회가 오기 전 이미 준비가 되어 있었기 때문에 운과 기회를 잡아 성공할 수 있었다는 생각이 든다. 기회나 운이라는 것은 결국 준비된 사람에게 오는 것이다. 당연한 소리처럼 들릴 수 있지만 창업에 성공한 분들은 모두 이를 강조하셨다. 운이 좋았다고 말하는 것은 그만큼 준비가 되어있던 것이고 그렇기 때문에 그 기회를 잡을 수 있었다고 생각한다.

대표님들의 경험과 이야기를 들어보면 다른 사람들보다 더 많은 준비과정과 노력을 해서 성공으로 이어졌다는 것을 느낄 수 있었다. 창업을 시작하려면 단순한 마음가짐이 아니라 다른 사람들보다 더 많이 끈기 있는 노력이 필요함을 강의를 통해 다시 생각해볼 수 있었다.

건축학부 **임 주 휘**

(주)알토지앤엠 대표 **박병수**

회 사 명 (주)알토지앤엠

회사소개 (주)알토지앤엠은 창호(유리, PVC)공사를 주력으로 하는 전문 건설업체로 다양한 시공경험을 통하여 난이도 있는 공사를 완벽하게 수행해왔음. 품질은 물론, 안전과 환경관리에도 철저한 공사 현장이 되도록 관리하며 현재 국내 10대 건설사를 비롯하여 총 90여 개 건설사의 유리공사 협력업체로 성공적으로 사업을 수행 중임. 대우건설의 주력협력업체로 최우수협력업체로 선정된 바 있음

설립연월 2002년 12월

사업분야 창호 및 유리전문 건설업

매 출 액 310억(2019년)

직 원 수 21명(2019년)

기업가적 리더십 키워드

변화, 기회포착, 열정

(주)알토지앤엠 대표
박 병 수

Intro

지금까지 개인적으로나 회사를 운영하면서 경험했던 것들을 여러 분들에게 전달해 보고자 합니다. 저는 1979년도에 조경학과로 대학에 입학해서 ROTC를 했고, 1983년에 졸업과 동시에 ROTC 21기로 임관하여 전방에서 소대장, 중대장을 역임하며 군 복무를 마쳤습니다. 그 후 사회생활을 하다가 2004년에 '(주)알토지앤엠'이라는 회사를 만들어서 대표이사로 취임했습니다. 2009년에 고려대학교에서 최고위과정을 수료하고 서울대학교와 한양대학교에서 2016년까지 최고위과정을 통해 열심히 배우고 자기계발을 해왔습니다. 지난 2년 동안 서울시립대학교 ROTC 총동문회장으로 봉사를 했고, 지금은 전국의 ROTC 21기 총동기회장 역할을 맡고 있습니다. 제 명함에는 앞면에 회사 내용, 뒷

면에는 ROTC와 마라톤 관련 내용이 들어가 있습니다. 이 두 가지가 저를 설명하는 내용이자 주제가 될 것입니다. 세상을 살아오면서 ROTC와 마라톤은 제 삶의 상당한 경쟁력이자 큰 힘이 되었습니다, 그래서 ROTC와 마라톤과 마인드, 저희 회사 (주)알토지앤엠은 쭉 연결선상에 있다고 봅니다.

알토가 좀 생소할 수 있는데 알토는 라틴어 '알투스'에서 유래한 것으로 '더 높이, 더 높은'이라는 뜻을 가진 이탈리아어입니다. 그래서 최고의 회사, 그리고 알토란 같은 알찬 회사를 추구하는 회사입니다. 주로 유리 공사와 PL 창호 공사를 전문으로 하는 회사로서 2004년에 대표이사로 취임하여 KCC 파트너로 시작해서 2011년에는 KCC 우수협력업체로 인증받았습니다. 2010년에는 국토교통부 장관표창을 받았고 2015년에는 국내 1군 건설사인 대우건설의 최우수협력회사로 선정되었습니다. 또한, 제가 2017년에서 2019년까지 한국판유리창호협회장을 지내면서 산업통상자원부 장관표창을 받은 바 있습니다. 창업 이래 저희 회사는 쭉 성장해 왔고, 지난해 기준으로 310억 매출을 달성했습니다. 전국적으로 7,940개의 동종업체 중 (주)알토지앤엠은 67위로 상위 0.84% 정도의 회사라고 이해하시면 될 것 같습니다.

저희 회사가 추구하는 가치는 프랑스 소설가 뒤마의 《삼총사》에 나오는 'All for One, One for All(하나를 위한 모두, 모두를 위한 하나)'이라는 말로서 이를 직원들에게 강조하고 있습니다. 아프리카 속담에 '빨리 가려면 혼자 가고 멀리 가려면 함께 가라'는 말이 있는데 상호 간에 존중과 배려로서 합심하고 노력해서 알찬 회사를 꾸려 나가려는 의지가 담겨 있습니다.

나를 이끈 세 가지 1 - 유리에서 창호로

첫 번째 [끊임없이 변화하며 기회를 포착하라]에 대해 이야기해 보겠습니다. 저희 회사는 처음에 설립할 당시에는 유리 공사를 중심으로 해왔는데, 지금도 유리 공사 부분에 있어서는 인지도가 높고 그런 능력을 확장하며 성장해 왔습니다. 2008년에는 세계적인 금융위기로 건설업 역시 어려운 상황을 벗어나기 힘들었습니다. 저희 회사도 부도 위기라는 어려운 과정을 극복하면서 유리 공사만으로는 살아남기 쉽지 않겠다고 생각했습니다. 그 계기를 통해 새로운 영역을 개척해서 다변화시키는 게 중요하다는 교훈을 얻게 되었습니다. 한 굴을 파서는 살아남을 수 없다는 생각을 가지고 유리 시공을 기반으로 창호, 샷시를 접목해서 유리 공사뿐만 아니라 창호 샷시 공사를 병행했고, 지금은 유리 6, 창호 4의 비중으로 균형 있게 매출을 끌어올리는 상황입니다.

2016년에는 부동산개발업에 투자하면서 해당 공사도 직접 시공하여 새로운 영역을 개척했고, 최근에는 국내 3대 창호메이커 대리점에 대한 투자회사를 만들어 영역을 다변화시키고 있습니다. 환경이라는

것은 계속 바뀌면서 어려운 상황이 진행되기 마련이라 누구도 지금 잘 나간다고 미래를 보장받을 순 없습니다. 그래서

기업의 생명은 끊임없이 변하는 환경 속에서 잘 적응해야 하고 변화는 선택이 아니라 필수라는 것을 강조하고 싶습니다.

나를 이끈 세 가지 2 - ROTC라는 기회

두 번째 [인생의 결정적인 기회를 잡아라]입니다. 누구나 살면서 어떤 계기가 있는데 제 인생의 결정적인 계기는 ROTC 과정이었습니다. ROTC를 통해서 사회생활이나 기업 경영에 필요한 많은 인맥을 만들었고, 또 리더십도 발휘하면서 오늘날의 작은 성취에 큰 밑거름이 되었습니다. 저는 ROTC를 통해서 인생의 아주 중요한 계기를 만들었다고 생각합니다. 인맥으로 본다면 합참의장은 군 서열 1위인데 박한기 합참의장이 우리 학교 건축학과를 나온 ROTC 동기입니다. 저도 학창 시절에 군에 뜻이 많았는데 이 친구가 대리만족을 시켜주었고, 2018년 10월 친구가 합참의장에 취임하면서 ROTC 잡지에 같이 표지 모델도 했습니다. 지금은 성공적으로 임기를 마치고 마무리했지만 그런 것들이 저한테는 상당히 많은 동력이 되었습니다.

저는 2018년에 12월에 21기 동기회장을 취임해서 현재까지 활동하고 있습니다. 현재 ROTC 동기 중에서 경

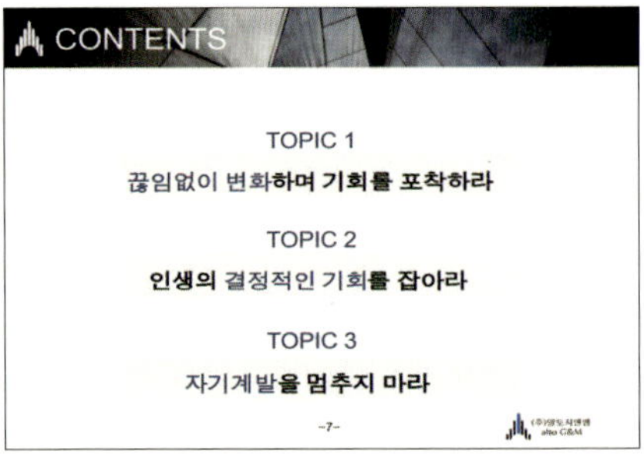

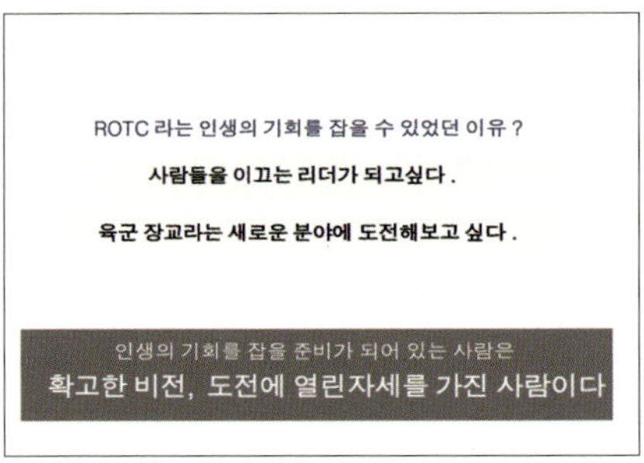

기남부지방경찰청장, 해양경찰청장, 전 충북지방경찰청장, 전 기업은행장, 전 수협은행장. 현대백화점 사장, 크린토피아 부회장. 그리고 세종대학교 총장도 저희 동기입니다. 저는 이렇게 ROTC에서 다양한 사람들과 소통을 했습니다. 그리고 대를 이어서 우리 아들이 ROTC 14학번입니다. 평소에 저의 ROTC 모습이 동기부여가 되었는지 대학교에 입학하면서 ROTC를 권유했는데 1학년 때 지원해서 합격했습니다. 작년에 57기로 임관을 해서 지금 강원도 화천 27사단에서 수색 소대장으로 임무를 완수하고, 내년 6월이면 전역해서 사회에 적응해야 하는데 그때 본인의 경험들이 크게 도움이 되지 않을까 생각합니다. 그래서 저는 아들에게는 자랑스러운 아버지이자 선배로서 남고 싶은 마음이 있습니다.

제가 ROTC를 선택한 이유는 리더십을 키우고 여러 기회를 잡을 수 있었기 때문입니다. 원래 장군이 꿈이었는데 군대 생활이 생각했던 것과 달라서 사회에 나오게 되었고, 기업인으로서 오늘 이런 자리까지 오게 되었습니다. 앞으로 여러분들에게 기회가 참 많을 것입니다. 그런데 그 기회라고 하는 것은 기회를 잡을 수 있는 마음가짐이 준비된 사람에게 오는 것일 뿐 그렇지 않은 사람에게 기회는 올 수 없습니다. 확고한 비전과 도전정신, 열린 자세를 가지고 기회를 잡아야 합니다.

나를 이끈 세 가지 3 - 마라톤으로 지구 반 바퀴

세 번째 [자기계발을 멈추지 마라]입니다. 저는 마라톤을 통해서 자기계발을 꾸준히 해왔습니다. 주변에서는 저에 대해 '노력과 의지를 가진 기업가'라고 평가하는데, 그런 타이틀을 갖게 된 것이 마라톤의 성과라고 할 수 있습니다. 마라톤을 통해서 기업 마인드를 키웠고 끈기, 열정, 자신감 그리고 당연히 건강을 유지하게 되었습니다. 사업이라는 것도 건강해야 잘 되는 것이기에 마라톤의 결과물들이 큰 동력이 되어 오늘날에 이르렀다고 봅니다. 세계 메이저 6대 마라톤 대회는 보스턴, 뉴욕, 시카고 그리고 베를린, 런던. 그다음에 아시아 도쿄에서 개최되는데 모든 마라토너가 가고 싶어 하는 꿈의 대회입니다. 이 6대 메이저 마라톤 대회를 저는 4시간 25분 31초로 완주했습니다.

마라톤과의 만남도 또 한 번 저를 도약시킬 수 있는 중요한 계기였다고 생각합니다. 2003년에 살을 빼려고 아침에 조깅을 시작했는데, 그때 마라톤은 일반 사람들이 즐기기 어려운 미지의 세계였습니다. 그 후로 차차 마라톤을 즐기는 사람이 늘어나기 시작했는데 정작 저는 골

프를 치다 허리를 다쳐 마라톤을 완전히 접어야 될 타이밍이었습니다. 그러나 다친 원인이 달리기가 아니라는 확신이 있었기 때문에 스트레칭, 운동만으로 극복해서 지금까지 마라톤을 하고 건강한 상태가 되었습니다. 2011년에는 일주일에 한 번 뛰기로 다짐하고 1년이 52주이니 52회 완주를 목표로 세웠는데 초과 달성해서 53회를 완주했습니다. 요즘에는 코로나 때문에 올해 대회가 거의 없었지만 국내 마라톤을 비롯해서 세계적인 마라톤 대회를 계속 참가해 왔습니다. 2018년도에는 새해를 맞으면서 중국 샤먼에서 마라톤을 했는데 각오를 새롭게 하고 새해를 설계하며 분위기를 다지는 데 도움이 되었습니다. 뛰면서 생각하게 되고 사업 구상도 하게 됩니다. 2020년에는 1월 1일부터 10일까지 케냐 마라톤에 갔다 왔습니다. 케냐를 비롯한 그 주변국들이 마라톤 강국이라 케냐의 나이로비라는 도시 쪽에 훈련 캠프가 있습니다. 그곳 해발이 2,200m라서 조금만 뛰면 호흡이 가쁘고 열악한 환경인데 저는 완주하면서 마라톤에 대한 꿈을 설계하면서 보냈습니다.

마라톤은 평소에 준비하지 않으면 완주하기 쉽지 않습니다. 흔히 마라톤은 정직한 스포츠라고 하는데 기업도 마찬가지로 정직하지 않으면, 그리고 평소에 가꾸고 준비하지 않으면 절대 이룰 수가 없다고 생각합니다. 제가 현재까지 215회 완주를 했으니 대략 9,057km 정도 되는데 지구가 4만km 정도니까 4분의 1 정도 달린 셈입니다. 마니아층에서는 마라톤 풀코스를 2천 회 넘게 뛴 사람들이 있는데, 이런 것을 보면 인간의 환경적응능력이란 무한대인 것 같습니다. 그런 사람들은 지구를 한 바퀴 이상 뛰었을 겁니다. 215회 완주는 그런 사람들에 비하면 아무것도 아니지만 개인적으로 마라톤이 저 자신의 건강뿐만 아니라 기업 경영에 상당히 많은 힘이 되었기 때문에, 제 체력이 닿는 한 계속해서 마라톤 마니아로서 즐기고 싶어 목표를 세웠습니다. 70세까지 풀코스 300회와 세계 20대 메이저 대회 마라톤에 참가하는 꿈을 키우고 있습니다.

청춘과 마라톤

만약 제가 신이었다면 청춘을 인생의 끝에 배치했을 것입니다. 청춘은 단 한 번 존재하는데 한창 때에 왔다가 가버립니다. 미국 시인 중에 '청춘은 인생의 어떤 기간이 아니다. 꿈과 희망, 이상이 있으면 늙지 않는다. 여든이 되어도 머리를 높이 들고 희망의 물꼬를 잡고 있는 한 그대는 늘 푸른 청춘'이라고 했습니다. 마라톤을 할 때마다 이 시를 암송하는데 때마침 런던 마라톤에서 82세인 분을 만나 같이 풀코스를 완주했습니다. 결국은 마음가짐이 참 중요한 것 같습니다. 젊은 사람이라도 희망이 없고 꿈이 없고 이상이 없으면 노인과 다를 바가 없고, 나이가 들었어도 꿈과 희망을 계속 갖고 열정을 가지고 살면 결국 그게 청춘이라고 생각합니다. 그래서 인생도 기업 경영도 마라톤 풀코스를 뛰는 것과 같습니다.

마라톤은 장거리를 뛰기 때문에 중간 중간 페이스 조절이 상당히 중요합니다. 기업 경영도 우리가 조금 잘된다고 오버페이스를 하면 결국 실패하게 되니 꾸준하게 페이스 관리를 해주는 게 중요합니다. 기업이 잘된다고 해서 방심하고 안일하게 생각하면 망하게 되고, 장기 플랜을 가지고 있는 것이 상당히 중요한데 저는 그것을 마라톤에서 배웠습니다. 명확한 비전을 제시하고 직원들과 함께 목표를 위해서 끊임없이 변화하면서 새로운 영역을 개척해 나가고 있기 때문에 앞으로 지속적으로 성장할 수 있는 동력이 있다고 자신 있게 말씀드리고 싶습니다.

창업가가 창업가에게

지금까지 세 가지 주제 [1. 끊임없이 변화하며 기회를 포착하라] [2. 인생의 결정적인 기회를 잡아라] [3. 자기계발을 멈추지 마라]에 대해 이야기했습니다. 끊임없이 변화에 적응하는 인재만이 살아남는다고 하는데 변화는 어렵습니다. 그러나 변화의 속도가 너무나 빠르기 때문에 이런 환경에 적응하는 사람이 생존할 수밖에 없다고 봅니다. 각자 어려운 상황이 많겠지만 마라톤에서 얻을 수 있는 끈기, 열정, 자신감과 힘든 것을 극복했을 때 성취감이 따라오듯이 어떤 어려운 상황이 되더라도 포기하지 않고 극복하면 결국은 큰 성취를 맛보게 됩니다.

변화에 적응하면서 기회를 계속 가질 수 있는 능력이 제가 생각하는 창업 성공의 법칙입니다. 첫 번째는 올인입니다. 내가 가진 모든 것을 걸어야 합니다. 요즘 대학교에서 창업에 성공하는 학생들도 있고, 졸업해서 바로 기회를 만든 사람도 있지만 사실 창업은 쉽지가 않습니다. 대부분 창업이라는 어려운 과정보다는 좋은 직장에 들어가서 안정적으로 생활하고 싶다는 생각을 하게 됩니다. 저는 사회생활하면서 중소기업에서 시작했는데 대기업에 들어간 동료들을 상당히 부러워했습니다. 그런데 지금 생각하면 그때는 너무 작은 것만 생각했었습니다. 작은 기업에서 제가 열심히 생활하면서 목표를 설정하고 다가섰던 게 결국은 독립해서 창업할 수 있는 중요한 계기가 되었습니다. 제가 올해 환갑이라 친구들은 대부분 대기업에서 퇴직해서 퇴직연금을 받으며 적적하게 살아가야 하지만, 저는 아직까지도 왕성하게 내 기업을 운영하면서 계속 꿈을 키워나가고 있습니다. 대기업 퇴직 후 창업해서 새로운 인생을 개척해 나가는 사람들도 있고, 중소기업에 있으면서 기회를 만든 사람도 있습니다. 결국은 본인의 마인드가 중요하고 꾸준히 기회를 만들어야 한다는 것을 강조하고 싶습니다. 그렇기에 만약 창업을 했다면 올인해야 하고 모든 것을 걸고 모든 열정을 동원한다면 성공의 밑거름이 될 것입니다.

두 번째는 파트너입니다. 회사를 성공시키려면 한 사람만 가지고는 불가능합니다. 어떤 인재들로 구성되어 있는지가 중요한 요소입니다. 동업과는 다른 개념이고 동업해서 성공하는 사람도 있지만 동업해서 깨지는 사례가 더 많습니다. 그래서 동업이 위험하다는 말이 많지만 또 뜻이 맞아 잘 가꿔나가는 사람도 있습니다. 중요한 것은 구성원, 직원 중에 인재가 포함되어 있어서 같이 호흡하고 기회를 만들어야 합니다. 좋은 사람들이 함께 한다는 것 자체가 회사를 성공시키는 데 상당히 중요한 요소가 됩니다. 그래서 어떤 사람과 함께 하느냐가 상당히 중요합니다. 회사가 일정 궤도에 올라선 후 계속해서 유지해나가기란 쉽지 않습니다. 이때 구성원들과 함께 끊임없이 변화하면서 기회를 만들어야 창업기업을 성공적으로 운영할 수 있습니다.

기회는 누구에게나 옵니다. 그러나 그 기회를 모르고 지나가는 경우가 많고, 그 기회를 잡는 사람은 극소수입니다. 앞으로 무수히 많은 기회가 찾아올 겁니다. 그런데 그 기회를 어떻게 잡느냐 하는 것이 큰 계기를 만들어 줄 것입니다. 변화되는 환경에 적응해서 좋은 기회를 만들고, 창업해서 기업가가 된다면 성공적인 기업인이 되기를 바랍니다.

박병수 대표님은 특별한 이력을 가지고 계셨다. 그것은 바로, 마라톤 풀코스를 완주하셨다는 것이다. 내가 생각하기에 박병수 대표님의 특징은 끈기와 협동심이다. 나는 강의를 들으면서 대표님으로부터 끈기와 협동심을 배웠다.

개인보다는 팀을 위해 헌신하고 서로 유기적으로 소통하고 대응한다. 'ALL for ONE, One for ALL'이라는 구절은 다소 개인주의적인 성향을 가지고 있던 나 자신을 돌아보게 되는 계기가 되었다. 직원의 경우에도 개인만의 발전과 성장만 있으면 사회생활이 쉽지 않다. 또한, 경영자(대표자/CEO)의 입장에서 보면 개인주의적인 대표는 성공하기 매우 어렵다. 나 혼자만 발전하는 것이 아닌 팀원과 더불어 성장하는 미래를 꿈꾸게 되었다.

끊임없이 변화하며 기회를 포착하라, 한 우물만 파서는 살아남을 수 없다. 1997년 IMF 시절 많은 기업들이 파산의 위기를 겪었다. 이렇게 나라 전체적으로 경제위기가 찾아왔을 때는 오로지 한 분야에만 집중적으로 투자를 했던 기업들은 살아남기 힘들었다. 한 우물만 판다는 것은 그 분야의 전문가가 된다는 의미이기도 하지만, 이것이 실패할 경우 모든 것이 무너진다는 것을 의미하기도 한다. 결국 여러 분야에 도전하고 이러한 분야들을 종합해서 시너지를 발휘할 때 비로소 기업은 발전을 이룩할 수 있다는 점을 느꼈다.

인생의 결정적인 기회를 잡아라. 기회라는 것은 인생을 살다보면 여러 번 찾아온다는 것을 느낀다. 이런 기회들이 찾아올 때 나는 이것이 기회라는 것을 깨달을 줄 알아야 하고, 이 기회를 놓치지 않고 붙잡을 수 있어야 한다고 생각한다. 결국 노력은 배신하지 않는다는 말은, 내가 노력하여 준비를 갖추었을 때 기회가 찾아오며 이 기회를 내가 잡을 수 있음을 의미한다고 생각한다.

자기계발을 멈추지 마라. 나이가 들면 자기계발에 소홀해지는 경우가 생길 수 있다. 핑계거리들은 많이 존재한다. 그러나 결국 이것들을 극복하는 것도 나 자신이다. 늘 변명하며 인생을 살아갈 것인가 혹은 계속 발전하며 인생을 살아갈 것인가는 온전히 나의 선택에 달려있다고 생각하게 되었다.

세무학과 **김 용 욱**

동문 기업인의 창업성공스토리

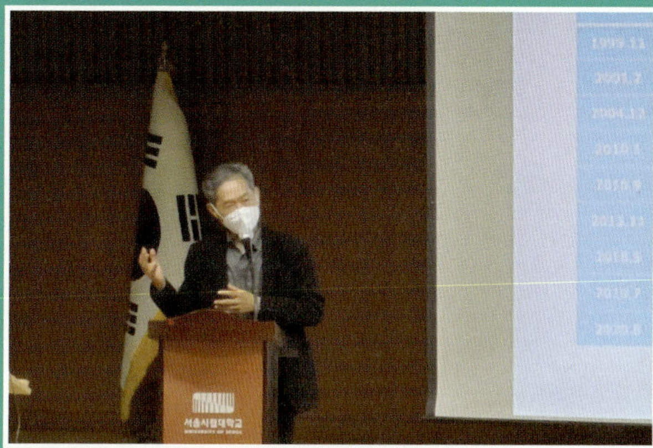

이일산업(주) 대표 **박병재**

회 사 명 이일산업(주)

회사소개 삶의 가치 향상과 환경과의 조화를 생각하는 글로벌 화학기업. 산업통상자원부장관상(우수중소기업), 전라남도 수출상 대상

설립연월 1999년 11월

사업분야 석유화학제품(이소파라핀,수첨포리부텐,재생연료유) 제조, 비금속재생재료처리 등 석유화학계 기초화학물질 제조업

매 출 액 1,116억(2019년)

직 원 수 87명(2020년)

기업가적 리더십 키워드

기회, 신뢰, 도전

이일산업(주) 대표
박 병 재

21세기에 무엇인가 할 기업가

이일산업(주)의 대표이사 박병재입니다. '이일'이라고 하는 단어의 뜻은 제가 1999년에 창업을 했는데 20세기 말에 창업을 하면서 21세기에 무엇인가를 해보겠다는 의미로 21세기를 의미하는 '21'이라는 단어로 회사 이름을 작명했습니다. 저는 서울시립대학교 화학공학과 81학번이고, 대학을 졸업하자마자 대림산업에 입사했습니다. 여러분이 아시는 대림산업은 건설이나 아파트 브랜드로 더 익숙할 텐데, 그 당시에는 석유화학사업이 가장 큰 사업 분야였습니다. 저는 석유화학사업부에 입사했었고, 11년간 한 분야를 파다가 이일산업이라는 기업을 창업하게 되었습니다.

저희 회사에서 만드는 제품은 여러분에게 생소할 수 있지만 석유화학의 한 분야라고 보면 될 겁니다. 제품의 종류는 세 그룹으로 구성되고, 이 3가지 제품군은 잉크, 윤활유, 페인트, 화장품, 폐수처리, 드라이클리닝하는 세탁용제, 방향제, 액체향초 등의 제품군 원료로 사용되고 있습니다. 고급 레스토랑 같은 데 가면 예전에는 양초가 있었고 지금은 액체로 된 양초를 쓰는데 그런 곳에 저희 제품이 사용되고, 방향제 스프레이에도 저희 회사가 만든 용제가 들어가서 같이 역할을 해줍니다. 3가지 그룹에 있는 제품들이 다양한 용도로 사업 전반에 쓰이고 있습니다, 그리고 특수 제품에서 자동차 시동액, 자동차 타이어, 비행기에 사용되는 기름, 재생연료 등을 생산하고 있습니다.

회사 연혁은 1999년도에 창립을 했고, 2001년에 첫 제품을 생산했습니다. 그리고 3년, 6년, 9년과 같이 시간차를 두고 제품들이 하나씩 등장하게 됩니다. 저희 회사가 개발한 제품들은 부산물이나 폐기물을 재활용해서 만들어진 것들인데 조금 생소할 수 있을 겁니다. 일반적으로 석유화학 분야를 생각하면 원유를 정유하는 휘발유, 경유 등을 만드는 회사가 있습니다. 정유사에서 원유를 정유하면서 만들어낸 납사라는 것이 석유화학의 원료가 되고 납사를 가지고 화학반응을 일으켜 여러분들이 일상생활에서 사용하는 플라스틱 제품을 만드는 기업이 석유화학 기업입니다. 이렇듯 저희 회사는 석유화학 기업에서 여러 가지 제품을 만드는 과정에서 발생되는 부산물들을 재활용해서 새로운 제품을 만들어 내고, 액체로 발생되는 폐기물을 재활용해서 연료로 만들어내고 있습니다. 다시 말해 회사의 사업구조가 석유화학 분야나 정유분야의 기업에서 만들어지는 부산물을 가져다가 조금 더 부가가치 있는 제품으로 만들어내는 것이고, 그 과정에서 굉장히 친환경적으로 생산하여 냄새 안 나는 기름을 생산하고 있습니다. 예전에는 세탁소에 가면 특유의 석유 냄새가 났었는데 지금은 거의 안 납니다. 아마 조금 더 지나면 아예 안 날 겁니다. 저희 회사는 리사이클링과 리제너레이션한다는 의미를 가지고 틈새시장을 확보해 나갔고, 친환경 제품이라는 특성과 다품종 소량생산의 전략으로 회사를 성공적으로 운영하고 있습니다.

행복한 기회

제가 어떻게 이런 사업을 시작하게 됐는지, 어떻게 출발했는지를 설명해보겠습니다. 저는 화학공학과를 나왔는데 그 당시에는 화학공학과를 졸업하면 가장 선호하는 곳이 정유사, 석유화학회사를 입사하는 것이었고, 두 번째가 시멘트 회사, 세 번째가 페인트 회사였습니다. 저는 다행히 석유화학회사인 대림산업에 입사를 했고, 월급이 40만 원 정도였는데 동문들 중에서 금융권에 입사한 사람들과 비슷한 수준으로 제일 많은 급여를 받았을 겁니다.

저는 사실 회사에 다닐 생각은 없었고, 2년 정도만 돈을 벌어서 대학원에 다니며 공부를 더 해야겠다고 생각했습니다. 그런데 회사를 다녀보니 생각보다 잘 맞아서 그냥 이대로 가야겠다고 마음을 굳혔고 10여 년간 쭉 직장에서 굉장히 많은 일을 했던 것 같습니다. 다른 경우도 마찬가지지만, 주어진 자리에서 최선을 다하고 있을 때 기회가 생깁니다. 만약 학생이라면 학점을 잘 따든 여러 가지 경험을 쌓든 무엇인가를 열심히 해야 됩니다. 이것도 저것도 아니면 나중에 후회만 남습니다. 대학생활 4년간 저도 꽤 열심히 했던 것 같고, 학교도 잘 다녔던 것 같습니다. 대림에 들어가서도 부서에서 일할 때 일을 굉장히 많이 해서 '왜 저렇게 일만 하냐?'는 식의 평가를 많이 들었습니다. 그러다 IMF의 끝자락인 1999년도에 퇴사했습니다.

그런데 제가 대림에서 근무할 때 '이소파라핀 사업을 만들어야 됩니다'라고 제안을 해서 준비하고 있었고 투자도 하기로 결론이 다 난 상태였습니다. 그런데 IMF가 오니 모든 투자가 동결되어 사업도 중단되었고, 그때쯤 중견업체에서 높은 직급으로 스카우트 제의도 들어왔습니다. 제가 근무하던 대림이라는 회사는 IMF를 겪으면서 건설 부문을 살린다고 석유화학 부문을 쪼갰습니다. 대림이 그 당시 석유화학 분야에서 1등 기업이었는데 그 이후에 회사의 성장이 주춤하게 되었고 그래서 저는 중견기업으로 옮기게 되었습니다. 그 회사로 옮겼을 때에는 뭔가 사업의 모멘텀을 찾아보고 새로운 길을 모색해보려고 갔는데 '이건 아니다'라는 생각이 들었습니다. 그래서 다시 대림에 가서 제가 검

토해서 추진하다가 IMF 때문에 중단되었던 사업을 직접 하겠다고 했습니다. 원료를 주면 만들겠다고 하니까 어차피 투자를 동결했으니 그냥 부산물을 저에게 주겠다고 했습니다. 대림이 하면 50억이 필요하지만 제가 투자를 하면 10억이면 제품화할 수 있다고 설득해서 대림도 Win, 저도 Win하는 제안을 했고, 대림이 제안을 받아들여 저는 원료를 확보할 수 있었습니다. 그러면 10억을 어떻게 확보했을까요? 제가 11년 근무했는데 모아보니 1억 5천이 있었습니다. 아이템은 정해졌고 그다음에는 자본이 필요한데 제가 가지고 있는 돈은 1억 5천이고 필요한 돈은 10억이니 자본이 부족한 상황이었습니다. 그렇다고 가족을 끌어들이면 성공확률이 제로입니다. 가족은 무조건 배제하고 망해도 혼자 망한다고 생각하고 다른 투자자나 친구, 선후배 등에게 사업을 설명하고 투자를 요청했습니다. 친구 5명 정도가 도와줄 수 있을 것 같아서 요청했더니 1명만 투자한다고 하고, 우연히 말했는데 도와준 친구도 있어 5천~7천만 원 정도 모았습니다. 몇몇 직장동료들에게도 그렇게 도움을 받아 총 2억쯤 투자를 받았습니다. 그 당시로서는 어마어마한 돈이었지만 그래도 많은 돈이 부족한 상황이라 고민했습니다. 그러던 차에 지금의 지식경제부이자 당시 산업자원부에서 진행하는 신기술 사업자 과제가 있다는 것을 알게 되어 사업계획서를 작성해서 제안했습니다. 다행히 당첨이 돼서 1억 정도를 받았는데 이 돈은 실패하면 안 갚는 것이고, 성공하면 50%만 3년 후부터 5년에 걸쳐서 상환하는 것이라 거의 부담이 없었습니다. 산업자원부에 사업계획서를 제출할 때쯤 은행에 5~6억 정도를 기댈 수 있을 것이라 생각했지만 담보가 없어서 대출을 받을 수가 없었습니다. 그래서 다시 정책자금을 찾아보다가 신기술 사업자로 선정된 것을 기반으로 기술신용보증기금에 저희 비즈니스를 인정받아서 보증을 받았습니다. 그렇게 5억을 확보해서 1년에 걸쳐 공장을 건설하고 생산을 시작하기까지 1년 3개월이 걸렸습니다.

신뢰는 성장동력

사업을 시작하고 1년 3개월 동안은 원료 확보, 자금 확보하느라 고생한 것이 대부분입니다. 기술은 이미 대림에 있을 때부터 확보하고 있었지만, 사업을 하는 데 중요한 것은 결국 자금입니다. 사업에 있어서 자금은 혈액이라고 할 수 있고 저는 목숨이라고 생각합니다. 제가 자금 10억이 확보되는 과정을 설명했는데, 여기서 핵심은 친구가 투자해 주고, 직장 선후배가 투자했다는 것입니다. 요즘에는 창업 인큐베이팅이나 지원제도가 더 있지만 사업을 하게 된다면 충분한 돈은 아닐 것입니다. 우선 중요한 것은 지금 주어진 공부를 열심히 해서 좋은 회사에 취직하고, 사업에 필요한 종자돈을 마련해 일하면서 주변 사람들에게 신뢰를 쌓는 것이 첫걸음입니다. 그리고 이왕이면 좋은 회사, 큰 회사에 입사해서 첫 발, 둘째 발을 잘 디뎌야 합니다. 아무래도 큰 회사에 근무한 것이 다양한 경험과 넓은 시야 등 여러 가지로 사업할 때 도움이 되었습니다.

제가 자금을 확보한 방법은 결국 전부 다 사람이었다고 볼 수 있습니다. 산업자원부에서 하는 신기술 사업자 지원 프로그램도 주변 사람들이 프로그램에 대해 알려주었습니다. 그리고 대림에서 원료를 확보할 때도 아무나 가서 '원료 주세요' 한다고 원료를 주는 것이 아닙니다. 제가 대림에서 근무하면서 신뢰도 있었고, 관계도 좋았고 일도 잘 했기 때문에 받을 수 있었던 겁니다. 신뢰가 있었으니 '그래, 당신은 믿을 만해. 당신한테 줄게'라는 상황이 가능한 것이지 신뢰가 쌓여있지 않으면, 열심히 하지 않았으면 줄 리가 없었을 겁니다.

다음 과정은 시드(Seed)가 되어서 하나 하나 3년에서 5년 주기로 새로운 제품을 만들어 나갔습니다. 원료도 대림에서 시작해서 코오롱, 한화에서 원료를 확보하기 시작했고, 정유사인 LG, GS칼텍스, 대한유화에서 찌꺼기로 나온 원료를 확보했습니다. 철강회사인 포스코에서 나오는 부산물도 원료로 사용해서 3년 내지 4년 주기로 새로운 아이템을 추가하고 있습니다. 제가 여러 대기업에서 원료를 확보하고 있다고 했는데 이 원료 확보라는 것이 굉장히 어렵습니다. 범용으로 사용되는 원료는 비교적 확보하기 쉽지만, 저희 회사는 타사에서 제품 생산과정상 발생되는 부산물을 재활용하는 비즈니스를 하다 보니 부산물이 발생하는 타사가 그 부산물을 저희 쪽에 주었을 때 이득이 있어야 줍니다. 기름이기 때문에 발생되는 부산물과 폐기물을 대부분 다 연료로 사용할 수 있기 때문입니다. 그것을 저한테 줄 때에는 저에 대한 신뢰가 있기 때문에 가능한 것이고, 이외에도 학교 선후배 네트워크, 전 직장 대림산업 석유화학사업부의 네트워크들이 작용을 해서 원료 확보가 가능해진 것입니다. 원료가 되는 원유 부산물이 잘못 흘러 다니면 가짜 경유, 가짜 휘발유가 되기 때문에 아무나 주지 않습니다. 저는 20년에 걸쳐서 약 12만 톤 정도의 제품을 연간 생산하고 있고, 매출액은 1천 억 정도 되는 회사를 만들었는데, 돌이켜 보면 첫 단추를 잘 끼웠던 것 같고, 첫 단추가 잘 끼워져서 그다음 갈 때는 굉장히 수월했던 것 아닌가 생각합니다. 사업에 중요한 자금과 기술은 결국은 사람이 갖고 있습니다. 기본적으로 제가 가장 핵심적인 기술자이다 보니 잘 성장할 수 있었다고 생각합니다. 사업을 하는 것은 사람이고 사람들과의 신뢰가 무엇보다 중요하다는 말로 마무리하겠습니다.

Q 앞으로 기업을 운영하면서 또 다른 목표가 있으신가요?

A 매년 연말이 되면 내년도 계획을 세우고 중장기 계획을 또 세우며 계속 수정합니다. 저의 목표는 지속가능한 회사를 만드는 것입니다. 그래서 늘 새로운 아이템을 구상하고 있고, 적절한 시점에 그것을 결정합니다. 내년에 대략 3가지 정도의 새로운 제품을 출시하려고 계획하고 있습니다. 기업은 항상 생존에 대한 고민을 가지고 있습니다. 현재 가지고 있는 것을 유지하면서 새로운 먹거리를 꾸준히 끊임없이 찾아내려고 하고 있습니다. 제가 하는 일은 대부분 무엇을 할 것인가에 대한 고민이라고 볼 수 있고, 나머지 일은 직원들이 잘 하고 있습니다.

Q 창업 초기에 투자를 많이 받으셨는데 투자자들은 어떻게 관리하셨나요?

A 개인 투자자들은 지분을 나누고 배당도 하는데, 중간에 투자금액을 회수하겠다는 분도 나타납니다. 그러면 당시에 가치평가를 해서 투자자와 합의하에 지분을 제가 회수하는 방식인데, 생각보다 개인투자자들이 굉장히 어렵습니다. 개인투자자에게 주식을 주면서 자금을 모으는 것은 신중해야 합니다.

Q 새로운 아이템을 추구하려면 순간순간의 선택이 있는데, 그 선택할 때 우선순위가 되는 것이 무엇인가요?

A 선택을 할 때 가장 중요하게 고려하는 것은 품질입니다. 좋은 품질을 만들 수 있는 것을 우선으로 고려했습니다. 만약 품질이 안 좋다면 어쩔 수 없이 싼 가격에 판매될 수밖에 없습니다. 고객사들도 싼 맛에 쓰게 됩니다. 아무리 그다음에 노력해서 품질을 좋게 만들어도 가격을 올리려면 기존의 거래업체들이 받아들여주지 않습니다. 그래서 만약 새로운 거래처에 영업을 한다면 또 시간과 비용을 쓰게 될 것입니다. 그렇기 때문에 좋은 품질로 완성이 될 때까지 3년 이상의 시간을 몰입해서 아이템을 개발해냅니다.

강연 후기

'인적 네트워크'의 중요성을 특히 강조하셨다는 점에서 이일산업 박병재 대표님의 강연을 통해 느끼고 스스로를 되돌아 볼 수 있었다고 생각한다. 박병재 대표님께서는 창업을 준비하고 실질적으로 이를 실행에 옮김에 있어 가장 중요한 두 가지 포인트는 창업에 들어갈 자금을 확보하는 것과 주변 사람으로부터 얻는 신뢰임을 강조하셨다. 자기가 보유하고 있는 기술력으로 얻는 정부지원자금은 실질적인 사업 수행을 위한 자금으로 충분하지 않은 상황에서 자신을 믿고 있는 친구, 직장 선후배들의 투자가 없었다면 사업을 진행하는 데 큰 어려움이 있었을 것임을 강조하셨다. 자신의 전 직장에서의 원료 투자 등이 원활하게 진행될 수 있었던 이유 역시 인간관계가 원만했기 때문이었으며, 투자사 소개나 각종 거래처 소개 등의 부분에서도 '사람'과의 관계에 따라 얻었던 도움이 매우 컸다는 대표님의 강연을 들으며 '인적 네트워크'의 형성과 그 파급력 (영향력) 등에 대해 다시금 고민해볼 수 있었다고 생각한다.

나 역시 17~18살의 나이에 유엔미래포럼에서 인턴 생활을 하며 인적 네트워크에 대한 중요성을 짧게나마 경험해보고 느낀 터라 박병재 대표님의 말씀이 더욱 와 닿았다. 하나의 인연이 새로운 기회를 만들고 그 기회를 통해 더 큰 활동을 진행할 수 있구나 하는 경험을 하였는데, 이는 차후 직접 회사를 경영하는 과정에서 가장 중요한 핵심적인 요소로 작용할 수 있겠다는 생각을 갖게 되었다. 특히 회사를 경영하는 경영인의 입장에서 주변 사람들과의 인적 네트워크라 하면 가까운 동료나 거래처 사람들뿐만이 아닌, 장기적인 시야 및 관점에서 직원들 간의 관계 역시 회사 성장에 중추적인 역할을 할 것임은 분명하다.

박병재 대표님께서 강연을 통해 '인적 네트워크'의 중요성만을 강조하신 것은 아니다. 바로 '자기 자신의 자리에서 최선을 다할 때 기회가 생긴다'는 사실 역시 강조하셨다. 현재 대학생인 나로서 굉장히 공감이 갔던 말씀이었다. 대표님의 강연은 차후 회사를 경영하고자 하는 나에게 끊임없는 자기계발과 인적 네트워크를 차차 넓힘으로써 새로운 기회를 얻고 힘들게 얻은 기회를 나의 방식, 회사의 방식대로 운영(경영)하며 또 새로운, 더 넓은 기회를 창출하는 원천으로 삼아야겠다는 생각을 하게 되었다. 이번 강연을 통해 자신의 자리에서 최선을 다하는 동시에 타인의 신뢰를 쌓을 수 있는 인격적 소양을 갖고 있는 사람으로 성장해야겠다는 굳은 다짐을 하게 되었다.

세무학과 **유 승 현**

동문 기업인의 창업성공스토리

계성건설(주) 대표 **박 종 완**

회 사 명 계성건설(주)

회사소개 국내 토목, 건축, 주택 분야 등 국가기관에 근간이 되는 프로젝트를 성공적으로 수행하고 최고의 디자인과 기술력이 적용된 친환경 아파트를 시공하여 보급하고 있음

설립연월 2001년 10월

사업분야 토목건축공사, 산업환경설비공사/부동산 임대, 개발 등
토목시설물 건설업체

매 출 액 2,400억(2019년)

직 원 수 124명(2020년)

기업가적 리더십 키워드

도전, 기본기, 日中見斗

계성건설(주) 대표
박 종 완

창업의 꿈 그리고 기회

저는 대학 졸업 후 극동건설에 입사해서 10년 정도 근무했는데, 그때쯤 김대중 정부가 들어서면서 시장의 원리에 맞게 모든 규제들을 완화시켰습니다. 그전까지는 건설업이 허가제였는데 1999년 1월부터는 등록제로 바뀌었습니다. 대리 때부터 극동건설에 있는 것보다는 나가서 창업을 해야겠다는 생각을 갖고 있다가 과장 말 호봉 때 '이렇게 있으면 안 되겠다'는 생각이 들어서 여러 가지를 준비했습니다. 때마침 김대중 정부 때 경제 관련 외부환경이 변화되면서 초기 투자 금액이 적어도 과감하게 도전할 수 있었습니다. 그때 우리 애가 다섯 살이었고, 제가 퇴직한다는 말없이 퇴직을 해버려 집안이 뒤집어졌습니다. 모두의 걱정을 등에 업은 채 그렇게 사업을 시작했습니다.

'계성건설'에 대해 간단히 소개해드리면, 2019년 매출액이 2,400억이고, 올해(2020년) 9월 말 기준 1,321억이니 아마 연말까지 가면 2천 몇 백 억 정도 될 것입니다. 대한민국 전체 건설회사가 5,000개 정도인데 저희 회사가 109위입니다. 내년에는 100위 안쪽으로 들어가기 위해 더 열심히 노력하고 있습니다. 그리고 건설업은 모두 현금으로 거래를 하는데 저희 회사는 부채율이 38%입니다. 국내 건설업계에서 109위인데 부채율이 38%이기는 사실 쉽지 않습니다. 보통 150%에서 178~9% 정도가 평균값인데 상당히 낮은 이유는 제가 처음에 창업할 때 딱 두 가지를 스스로 약속했기 때문입니다. 제가 급여 생활을 해봤으니 사장이 돼서 사장 대우를 받으려면 직원들 급여를 하루도, 1시간도 안 밀리겠다는 약속을 했습니다. 그래서 지금까지 약 20여 년 동안 급여는 한 번도 안 밀렸습니다.

시간이라는 것을 생각해 봤을 때 오늘 여러분들이 여기에 온 것은 여러분이 선택한 자리입니다. 여러분이 선택한 자리에서 시간이라는 꽃밭을 어떻게 가꿀 것이냐에 따라서 상황은 달라질 것입니다. 똑같은 상황에서 제가 극동건설에 계속 안주했다면 지금 나이 정도면 임원이 되었을 것입니다. 임원이더라도 미래에 대한 여러 가지 방황을 하고 있지 않을까 생각합니다. 여러분의 시간을 스스로 가꿔야만 삶이 윤택해질 거라고 말씀드리고 싶습니다. 여러분이 창업을 꿈꾼다면 미래의 비전이 바뀔 것이고, 열심히 하다 보면 주위 사람들이나 후손들에게까지도 여러분의 선택이 효과를 미칠 것입니다. 학교 특성상 실험연구원, 가스공사, LH 등 공공기관에 선배님들은 많이 계시는데, 사업하는 사람들은 적은 편입니다. 여러분들이 창업에 꿈을 가진다면 앞으로 약

30년 후에는 아마 불지에 회사를 갖게 될 것이라고 생각합니다.

?!.

저희 회사 아파트 브랜드가 '이지움'입니다. '이지'는 편안함을 뜻하고 '움'은 집을 의미하여 편안한 집, 편안한 공간을 상징하는 이지움이라는 브랜드로 서울, 경기, 대전, 광명, 여수, 울산 등 전국 곳곳에 아파트를 건설하고 있습니다. 나중에 지나가다 이지움이 보이면 '아, 그때 강의했던 분이 세웠구나' 하면서 옆 사람이 있으면 자랑 한번 해주세요. 여러분이 자랑할 수 있을 만큼 제가 열심히 뛰겠습니다.

저는 신입사원이 들어오면 '물음표, 느낌표, 마침표' 이 세 가지를 꼭 이야기해 줍니다. 세상에는 선택해야 하는 순간이 있고 그런 상황이 되면 여러 선택지 중에서 물어야 합니다. '왜 그럴까? 그럴 수밖에 없을까? 꼭 그래야만 되는가? 또 다른 방법은 없을까?' 여러분은 인생에서 똑같이 이렇게 물어야 합니다. 묻지 않는다면 실수를 저지르게 되어 있습니다. 본인에게 스스로 많이 물어보면(물음표) 물어볼수록 실수를 적게 하게 됩니다. 그런데 물어보지 않고 즉흥적으로 모든 것을 판단하면 실수를 할 수 있습니다. 학생 때는 실수가 별 문제가 아닌 경우도 많지만, 사회에 나가서 취직을 하거나 사업을 하면 여러분의 실수가 리스크가 되어 원가 측면에서 엄청난 손해를 입힐 수 있으니 꼭 많이 물어봐야 합니다. 묻고 또 묻고, 묻고 또 묻고 해서 스스로 이해했을 때 '아, 그렇구나. 꼭 그렇게 할 수 없는 거구나'라고 느껴서(느낌표) 다

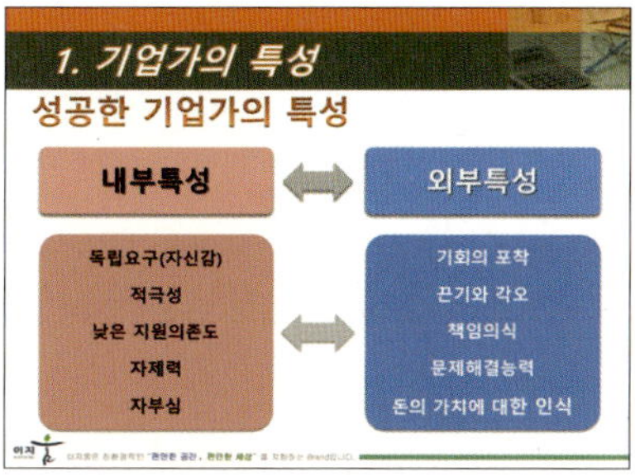

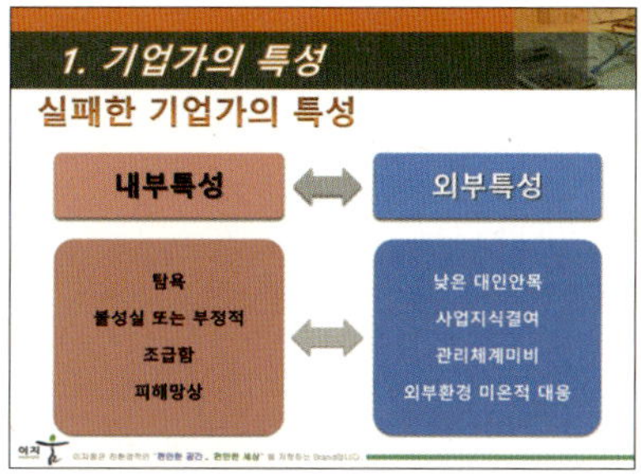

음으로 진행해야 합니다. 진행을 완료하고 마치는데(마침표) 제대로 마치지 못하면 피드백에서 다시 물어야 합니다. 공부할 때도 오답노트를 잘 정리한 사람이 입시를 잘 한다는 것과 같은 겁니다. 틀렸는데 느끼지 못하고 피드백을 안 한다면 또 틀리게 되는 것이 당연합니다.

日中見斗

저희 회사는 해마다 사자성어를 정해서 1년 동안 제 방, 사업부, 서울 사무실 등 회사 전체에 꼭 걸어 놓습니다. 그리고 현장 사무실에도 들어가는 입구에 잘 보이게 걸어놓습니다. 1년 동안 화두를 잡는 것인데 2021년에는 날 일(日)자, 가운데 중(中)자, 볼 견(見)자, 북두칠성 두

(斗)자의 '일중견두(日中見斗)'입니다. 한낮에 북두칠성을 본다니 현실적으로 말이 안 될 뿐 아니라 다소 생소하고 이상할 수 있습니다. 한낮에 어떻게 별을 보겠습니까? 하지만, 그런 마음이 중요하고 남이 보지 못한 것을 내가 봐야 한다는 얘기입니다. 여러분이 사업을 꿈꾸고 그 사업을 컨트롤할 수 있는 조건일 경우, 남이 보지 못하고 남이 느끼지 못하고 남이 가지 않는 길을 선점하는 것들이 미래 상황에, 창업에 효과가 있을 것이라고 봅니다. 그래서 일중견두, 한낮에 북두칠성을 바라볼 줄 아는 사람들이 성공한다고 생각합니다. 요즘과 같은 혼돈의 시대를 헤쳐 나갈 때는 일중견두하는 자세가 꼭 필요하다고 봅니다.

'정육각'이라는 회사를 창업한 김재연 대표님의 이야기를 해보겠습니다. 그분은 카이스트 수학과를 나와서 미국에 유학을 가려고 했었답니다. 그런데 유학가기 전 용돈을 벌려고 좋아하는 돼지고기와 관련된 아르바이트를 한 것이 직업이 되었습니다. 일반적인 돼지고기는 보통 도축을 해서 유통할 때까지 한 달이 걸리는데 그는 5일 만에 고객에게 배달했고 신선하게 식품이 배달되니 엄청나게 효과적이었던 것입니다. 유통을 시스템화한 데 더해 그는 고기를 어떤 방향으로 썰어야 맛있는지도 연구해서 고기를 세절하는 공장까지 찾아냈습니다. 그 이후 매출이 어마어마하게 늘어서 경제신문에 기사화되기도 했습니다. 아르바이트에서 출발했는데 정육각이라는 회사를 만들어 유학도 안 가고 사업에 매달리게 된 그를 두고 일반적인 어른들 시각에서는 카이스트까지 나왔는데 왜 정육점을 하냐고 생각할 수도 있습니다. 그러나 창업을 하려고 생각하는 무수히 많은 고민들은 사업 아이템이 됩니다. 김재연 대표님도 자기가 좋아하는 고기를 가지고 창업을 했는데 단지

고기만 좋아했다면 성공을 보장하기는 어렵습니다. 고기를 구우면서 어떻게 하면 잘 굽는지, 어떻게 자르면 맛있는지, 어디까지 소포장을 해야 좋은지 많은 연구를 해서 사업 아이템을 만들고 성공하게 된 것입니다. 정육각의 다음 목표는 생선 소포장에 도전하는 것이라고 합니다. 김재연 대표님의 용기도 대단하지만 그런 용기가 있어야만 새로운 미래를 개척할 수 있지 않을까 생각해 봅니다.

Detail

제 좌우명은 '착안대국 착수소국'입니다. 제가 건설을 하다 보니까 크게 그리기만 했지 디테일이 약했습니다. 원래 프로는 디테일이 강하다고 했는데 큰 그림은 누구나 다 그릴 수가 있지만 세세한 것까지 그려야 큰 부를 이룰 수 있지 않을까 생각했습니다. 집을 짓더라도 아파트를 짓고 열심히 분양을 잘 하고 살기 좋은 아파트를 짓는 게 큰 그림이라면, 살기 좋은 아파트가 되기 위해 10년을 살든 20년을 살든 물이 새는 등 여러 가지 기능성을 저해하는 상황이 오면 안 된다는 것이 디테일이라고 볼 수 있습니다. 그래서 하자가 없는 집을 잘 만들어야 하며 작은 부분, 보이지 않는 부분까지도 잘 섭렵해야만 훌륭한 아파트가 될 수 있습니다. 그것이 디테일이 강한 것입니다. 이지움 아파트는 그렇게 착안되어 나왔습니다.

좌우명이라고 한 착안대국 착수소국은 바둑 용어로, 꿈꾸고자 하는 것은 크게 포괄적으로 생각하고 방향성을 정했다면 소국(小局)하는 작은 디테일까지도 잘 그리는 사람이 되고 싶어 좌우명으로 정했습니다. 창업을 할 때 개인적 분위기, 사회적 분위기도 고려해야 합니다. 사람마다 전공이 다르고, 나이도 다르고, 부모님 생각도 다르고, 집안 가업을 이어받는 것과 같이 여러 가지 상황이 다릅니다. 이런 개인적인 분위기뿐만 아니라 사회적인 분위기도 창업을 하는 데 영향을 주게 됩니다. 창업을 하려면 인적자원, 물적자원이 있어야 하고 가장 큰 부분은 많은 돈이 필요하다는 것인데, 부모님이 그 정도로 부자인 경우는 드물기 때문에 창업에는 어려운 점이 많다는 것을 꼭 아셔야 합니다. 세상은 꼭 내가 전공한 대로 흘러가는 것은 아니니 기회를 많이 가지려면 책도 많이 읽고, 여러 가지 변수를 이해할 수 있도록 노력해야 합니다.

건강은 미래의 방향성이고 가장 큰 기둥이 됩니다. 늘 바른 자세를 가질 수 있는 몸가짐에 유념해야 합니다. 사람을 처음 만났을 때 10분이면 그 사람을 다 판단할 수 있습니다. 그래서 말은 항상 조심해야 되는데, 내가 여기 있으면 말은 나보다 10m 뒤에 오고 생각은 10m 앞에 간다고 생각합니다. 그래서 나의 생각은 나보다 10m 앞에 가 있고, 나의 말은 10m 뒤에 와야 실수를 적게 할 수 있습니다. 말이 많으면 자기 말에 꼬리를 밟힌다는 '다언삭궁(多言數窮)'이라는 말이 있습니다. 말을 줄이고 상대의 말을 많이 들어야만 자기가 얻고자 하는 것을 얻을 수 있다는 뜻입니다. 또한 책을 많이 읽어야 글을 쓸 수 있습니다. 자랑 같지만 저는 전북에 있는 신문에 7년 동안 칼럼을 쓰고 있습니다. 공대 출신인 제가 매달 한 번씩 칼럼을 쓸 수 있는 비결은 책을 많이 읽고 매일경제를 비롯하여 12종의 신문을 보기 때문입니다. 특히 매일경제는 꼬박꼬박 모든 페이지를 다 보는데, 우리나라의 모든 흐름은 다 들어가 있어서 따로 경제 공부를 할 필요가 없습니다. 신문 하나만 보면 경제, 사회, 문화를 다 볼 수 있습니다. 집에서 어른들이 신문을 본다고 옛날 사람으로 치부하지 말고 SNS에 나오는 내용에 집착하지 말기를 바랍니다. 그런 정보는 다른 사람이나 다른 회사가 유리하도록 나온 정보들입니다. 신문도 마찬가지지만 교차로 읽을 수 있는 건 다 읽어야만 여러분이 생각과 행동을 자유롭게 할 수 있습니다. 그래서 저는 칼럼을 10년쯤 쓰고 책으로 엮으면 3권 정도 나올 것 같아서 60대 넘어서 꼭 책으로 내보려고 계획하고 있습니다.

창업을 하려면 어려움을 극복하고 감내하는 능력과 자신감, 적극적인 자세. 자제력이 가장 중요한 덕목입니다. 적극적인 사고와 적극적인 행동이 있어야 창업을 할 수 있습니다. 중간에 넘어지고 여러 가지 상처를 입을 수도 있지만 궁극적으로 성공하려면 적극적이어야 한다는 생각이 듭니다. 그리고 자제력도 분명히 필요합니다. 대부분의 사업가들은 조금 성공을 하면 자신감이 붙습니다. 저희도 현장근로자를 제외하고 정식 직원이 200명인데, 회사를 이만큼 키워 놓고 다음 행보를 이어갈 때 자신감이 넘쳐 잘못된 결정을 하게 될까 봐 걱정이 되기도 합니다. 나락으로 떨어지면 어마어마한 흠집이 날 수 있는데, 저희 같은 규모에 한 번 잘못되면 100억, 200억은 금방 손실이 되어 버립니다. 보통 한 현장에 한 500억, 1,000억 사이를 왔다 갔다 하는데 잘못 결정하면 50억, 100억은 금방 없어져 버립니다.

50억, 100억을 버는 것은 쉬운 일이 아니기 때문에 자신감에는 리스크가 따른다는 생각을 하면서 자제력을 키워야 합니다, 성공하는 기업보다 망하는 기업이 더 많은 것이 현실인데 기업을 운영하다 보면 어느 순간 임계점이 오게 됩니다. 이 임계점이 왔을 때 돌파하지 못한다면 회사는 도산합니다. 그 임계점에 도달할 때가 기업마다 존재하는데 어떻게 재도약하느냐가 중요합니다.

또한 돈의 가치를 제대로 알고 있어야 합니다, 요즘 10원짜리는 구경하기도 어렵고 1,000원짜리도 흔치 않습니다. 그런데 1,000원짜리가 없어서 뭘 못 할 때가 있습니다. 돈이라는 것은 인간들이 만든 행위의 도구지만 돈의 소중함을 알아야 합니다. 돈을 헛되이 쓰는 사람들은 성공하기 어렵고, 돈에 대한 가치를 모르면 방향을 설정할 수 없습니다. 돈을 버는 이유, 돈에 대한 가치를 알아야만 돈을 벌 수 있습니다. 열심히 벌어서 주위에 많은 사람들과 더불어 같이 갈 수 있고, 사회에 환원할 수도 있는 겁니다. 봉사단체 중에서 '로타리'라는 모임이 있는데 19개 시, 도, 지자체에 모임이 있고 모임에는 총재가 있습니다. 제가 전라북도 내후년도 차기 총재이고 전라북도 봉사단이 5,000명인데 같이 봉사하고 있습니다. 빌게이츠도 2조 4천억이라는 돈을 로터리 재단에 출연해서 세계의 소아마비가 없도록, 특히 아프리카나 소말리아처럼 소아마비가 많이 발병하는 쪽에 봉사를 하고 있습니다. 이런 것들

이 돈에 대한 가치를 훌륭하게 쓰는 방법일 것입니다.

그리고 또 중요한 것이 경영이념입니다, 직원이 50명 미만일 때는 경영이념이 그렇게 중요하지 않을 수 있지만 직원이 많아질수록 회사를 경영하는 철학의 부재는 문제가 될 수 있습니다. 쉽게 말해서 돈을 왜 버는지에 대한 생각을 가지고 회사를 운영해야 하고 성장하게 되면 사회와 더불어 가야 합니다. 어떤 사회든 더불어 가야 하고 더불어 가면서 자기의 평판이 쌓여갑니다. 평판이라는 것은 작은 먼지와 같습니다. 처음에 먼지가 창틀에 살짝 앉을 때는 바람이 불면 날아갑니다. 그런데 그 먼지가 오랜 세월 동안 쌓이고 쌓이면 고체처럼 쌓입니다. 그것이 평판입니다. 말과 행동, 생각, 사회에서 같이 더불어 있는 모든 역량들이 모아지는 게 평판인데 기업에 차곡차곡 쌓인 평판들이 경영이념이라고 할 수 있습니다. 돈을 벌어서 사회와 어떻게 함께 가고, 그 방향으로 직원들을 어떻게 같이 가게 할 것인가 하는 경영이념에 대해서 깊이 사고해야지만 기업가로서, 리더로서 좋은 평판을 가지게 됩니다. 제가 잘해서 계성건설 이지움 아파트를 만든 게 아닙니다. 저는 일단 출발만 한 것이고, 거기에 많은 직원들이 저를 도와서 여기까지 와준 것입니다. 직원들이 없으면 제가 혼자 열심히 하려 해도 굴러 가지 않습니다. 요즘에는 대기업이 아니어도 노조가 많이 있는데 평상시 경영이념을 스스로 생각하는 회사들은 노조가 생겨도 노사 간에 트러블이 많이 없습니다. 그런데 평상시 경영이념이 부재인 상태로 생각이 짧고, 자기만 아는 사람일수록 노조를 컨트롤하기 어려워집니다. 그래서 경영이념이라는 것이 노사와의 문제를 해결할 수 있는 방법이라는 생각이 듭니다.

성공을 위한 발걸음 1

창업에 있어서 고객은 중요한 말입니다. 어떤 분야로 창업을 하더라도 무엇인가를 열심히 만들어놨는데 소비자가 선택을 안 하는 것만큼 큰 어려움은 없습니다. 그러면 '왜 안 팔리지? 내가 잘못 만들었나?' 하는 생각을 해야 합니다. 제가 아파트를 열심히 잘 지어놨는데 안 팔리면 문제는 자신한테 있는 겁니다, 땅을 잘못 샀다든지, 아파트 마감 자재를 잘못 선택했다든지, 트렌드와 맞지 않는다든지, 여러 가지 부분에서 깊이 생각해야 할 필요가 있습니다. 또 고객의 입으로 전해지는 파급효과가 엄청나게 중요합니다. 왜냐하면 예를 들어서 '계성건설이 이지움 아파트를 지었는데 여기 살아보니까 좋더라'라는 말이 인터넷에 뜨면 서울에 있는 사람, 제주도에 있는 사람까지 다 공유가 됩니다. 그러니 고객 만족을 위해 노력해야 하고 그런 고객들은 주변에 수없이 많습니다. 그런데 그중에는 우리를 비난하는 고객도 있을 거고, 박수쳐주고 잘한다고 해주는 고객, '이런 것도 좀 잘해 봐라. 더 했으면 더 좋겠다' 하는 고객 등 다양한 고객들이 있을 것입니다. 그러면 회사는 고객들의 니즈를 어떻게 맞출 것인지를 고민해야 하고 기업가로서 관리 감독해야 할 사항입니다. 그래서 고객이 가장 중요한 포인트의 하나이고, 고객을 잘못 생각하고 고객의 니즈를 잘못 판단하면 엄청난 파장을 일으키게 됩니다. 저희 회사도 좋은 집을 어떻게 지을 것인지, 이지움이라는 브랜드가 편안한 공간, 편안한 세상이라는 의미인데 그러면 아파트를 잘 지어야 하고 그런 부분에서 고객의 생각을 열심히 하고 있어야 합니다.

성공을 위한 발걸음 2

저는 정주영 회장을 좋아합니다. 무조건 직접 도전해서 해보고 일단 저질러보는 부분이 특히 좋습니다. 저도 그런 성격인데, 일단 도전을 하지 않으면 그 도전의 맛을 볼 수가 없고, 도전은 여러분이 생각하는 그 꿈을 이루고 그 꿈을 형성화시켜 줄 수 있는 것입니다. 예전에도 그랬고, 현재도 마찬가지로 '조금 더 했으면, 다른 것을 더 해봤으면 좋겠는데, 조금만 더 혜안을 갖고 했으면 할 수 있었을 텐데'라는 후회를 합니다. 그러니까 지금이 중요하고 지금 시작해야 합니다.

성공을 위한 발걸음 3

철저한 자기관리가 필요합니다. 자기관리는 성공을 결정하는 역할을 하고 자기관리의 가장 큰 적은 '나' 자신입니다. 자신이 가장 어렵습니다. 저는 담배를 우리 쌍둥이 태어나기 한 달 전에 끊었습니다. 쌍둥이 결혼할 때 제가 손이라도 잡고 들어가려고 지금까지 18년 동안 금연 중입니다. 그만큼 어렵고, 자기와의 약속을 지키는 것이 자기관리이고, 스스로가 무서운 적입니다. 스스로를 이기는 것은 어려운 일이지만 철저한 자기관리가 필요합니다. 저도 잘 못하지만 잘하려고 노력하는 겁니다,

성공을 위한 발걸음 4

인간중심 전략, 즉 배려하고 겸손하게 행동하는 것이 가장 큰 포인트입니다. 사람을 중요시하는 사람 치고 창업을 해서 거지가 되는 사람은 없습니다. 세상에는 많은 아이템과 사물들이 있지만 그것을 연결하는 것은 사람만이 할 수 있습니다. 그렇기 때문에 사람들한테 잘 하고, 공손하고, 배려하고, 겸손한 행동을 하는 사람은 반드시 성공하고, 성공을 못 하더라도 미래에 성공할 가능성이 높아집니다. 스스로가 좀 잘하더라도 "저 잘 못합니다. 더 가르쳐주세요"라고 배려하고 낮은 자세로 가는 사람은 꼭 성공할 수 있습니다.

에필로그

저는 아침에 신문을 볼 때 좋은 말들을 기록해둡니다. 좋은 말들은 칼럼을 쓸 때 인용하기도 하는데, 여러분께 들려주고 싶은 좋은 말 3가지를 한번 생각해 봤습니다. 첫 번째, 현명한 사람은 절대 기회가 부족하다고 불평하지 않는다고 합니다. 두 번째, 가장 어려울 때가 도약의 순간이라고 하는데 각자 어려운 상황일 때도 조금만 달리 생각하면 다시 도약할 수 있는 터닝 포인트가 될 수 있습니다. 세 번째, 성난 파도가 훌륭한 선장을 만든다고 합니다. 요즘 코로나19 때문에 어려움이 많습니다. 비대면을 비롯하여 환경적인 변수를 고려해야 합니다, 미래 변화를 선도적으로 이끌어가려면 많이 고심하면서 노력해야 성장할 수 있습니다. 현재와 같은 상태에서도 이것을 기회로 더 좋은 생각을 만들어낸다면 더 멀리 도약할 겁니다. 지금은 성난 파도가 기승을 부리지만 '성난 파도가 나를 훌륭한 선장으로 만들게 해주는 구나'라는 생각으로 매진해서 창업을 해서 누군가에게 또 이런 이야기를 해줄 수 있는 기회가 오길 바랍니다.

강연 후기

박종완 대표님은 많은 강연자 중에서 직접적으로 내 인생에 큰 영향을 끼치셨다. 신문을 읽어보라고 권유하신 강연자는 꽤 계시지만 계속 생각만 하고 구독하려는 생각을 못 했다. 그러나 박 대표님의 이야기 때문에 수업을 마치고 집에 가는 길에 매일경제신문을 구독하게 되었다.

박 대표님은 1999년 김대중 정부 시절 자유경제체제로 경제 환경이 바뀌면서 건설업이 허가제에서 등록제로 전환되는 과정을 주목했다. 이는 박 대표님이 사업을 시작하게 된 원동력이 되었고, 많지 않은 사업 자금으로 사업을 시작할 수 있었다. 사업을 시작하신 계기가 신문을 구독하게 된 이유와 큰 상관관계가 있다. 사업을 시작하는 사람의 입장에서 정책과 경제적인 변화는 행운이다. 그러나 그 행운은 특정한 누구에게 주어진 행운이 아닌 불특정 다수에게 뿌려진 행운이다. 그 행운은 찾는 사람이 주인인 것이다. 신문은 이런 보물을 찾는 지도 역할을 한다. 지도가 있더라도 놓칠 수 있지만, 지도가 없는 사람보다는 놓칠 확률이 훨씬 낮다. 그런 의미에서 사업을 꿈꾸고 구상하는 사람으로서 신문 구독과 같이 사회의 흐름은 확인할 필요가 있다고 생각했다.

대표님은 이번 강연에서 실무나 경영에 대한 이야기보다는 개인이 추구해야 하는 태도와 행동에 대해서 많은 이야기를 해주셨다. "스스로에게 물어라, 왜 하는지? 자문하고 행동하라!"라는 말씀을 해주셨는데, 요즘 시대에 살고 있는 젊은이들은 한번 고민해 볼 가치가 있는 말씀이라고 생각한다. 사람들은 어디서나 휴대폰만 들여다보며 살고 있다. 지하철에서 휴대폰을 보다가 누군가와 부딪히는 모습을 본 적도 많다. 엄청나게 다양한 매체에서 쏟아지는 정보를 끊임없이 섭취만 하고 있다. 인간에게는 소화기관이 존재한다. 입과 기도만 존재한다면 인간의 몸은 움직일 수 없을 것이다. 물론 식사라는 행복한 일도 고역이 될 것이 틀림없다. 이처럼 섭취가 있으면 소화라는 행위는 필수적이다. 정보도 그렇다. 정보를 섭취하면 우리는 스스로에게 물어봐야 한다. "왜 이 정보를 섭취했는지, 왜 필요한지" 스스로 납득할 수 있는 이유가 생긴다면 이는 자신감과 이어지고 무슨 일을 하든지 스스로에 떳떳해질 수 있는 원동력이 될 것이다.

스포츠과학과 **장 종 빈**

대양엔바이오(주) 대표 **박 종 운**

회 사 명 대양엔바이오(주)

회사소개 환경의 가치를 높여 더 좋은 세상을 만들어가는 지속가능한 기술혁신형 종합 O&M 선도기업

설립연월 1991년 8월

사업분야 정수장, 하수처리장, 슬러지 건조 및 소각시설 운영관리, 국내외 시운전, 물관리 신기술 개발, 타당성조사 및 컨설팅, BTO 사업 등의 비즈니스 모델 제공

매 출 액 360억(2020년)

직 원 수 260명(2020년)

기업가적 리더십 키워드

선택, 도전, 목표

대양엔바이오(주) 대표
박 종 운

대양엔바이오

대양엔바이오는 사람과의 화합을 최우선 가치로 여기고, 1991년 창립 이래 현재까지 하나의 목표를 향해 끊임없이 달려왔습니다. 세상 곳곳을 타고 흐르며 모든 생명의 근원이 되는 물. 이 소중한 물이 인간으로 인해 본연의 모습을 잃고 점차 오염되어가는 모습을 보면서, 우리는 세상을 변화시키기 위한 도전의지를 갖게 되었고, 생명과도 같은 물을 본래의 맑고 깨끗했던 때로 되돌릴 수 있다면, 깨끗한 환경 그 이상의 더 큰 가치를 만들 수 있을 거라고 생각했습니다. 그래서 우리는 인류의 생명과 환경을 보전하기 위한 수많은 도전과 성공을 거듭하며, 가능한 모든 열정과 노력을 담아 최선을 다한 결과 처음에는 상상도 할 수 없었던 거대한 성과들을 당당히 일궈냈습니다. 그렇게 대양엔바이오의 역사는 대한민국 하수처리의 역사가 되었습니다. 맑고 건강한 물을 효율적으로 관리하기 위해서 노력하는 대양엔바이오는 다양한 문제해결 능력을 갖춘 최상의 전문인력과 연 2회 이상의 현장 실무 경험으로 쌓은 풍부한 노하우, 앞선 기술력을 바탕으로 상수도 시설의 전반적인 사업, 공공 하수도 시설의 관리 대행 사업 등을 펼치며 엔지니어링 전반의 다양한 서비스를 제공하고 있습니다.

기업경영에서 사람만큼 중요한 것은 없다고 생각합니다. 대양엔바이오는 회사와 직원, 직원들의 가족이 하나로 화합할 수 있는 기업문화를 만드는 데 많은 노력을 기울이고 있습니다. 임직원들의 사기진작을 위한 해외 워크숍과 체육대회, 10년/20년 근속자 포상 및 해외여행을 지원하고 임직원의 가족과 함께 하는 신년회를 열어 전 직원이 어우러져서 즐겁게 일할 수 있는 화합의 장을 만들어가고 있습니다.

기업을 운영하는 살아있는 이야기, 현장의 목소리, 드라마틱한 이야기를 요청하셨는데 제 이야기가 드라마틱한 것 같지는 않지만 기업가 정신을 주제로 이야기를 펼쳐 보겠습니다. 저희 회사는 현재 영등포에 본사를 두고 있고, 10여 개의 사업장을 운영하고 있습니다. 2년 전 베트남 하노이에 법인을 설립해서 베트남 사업도 전개하고 있는데 코로나 때문에 어려운 상황입니다. 우리가 지금 마시고 있는 것이 상수도, 마시고 사용하던 물을 버리고 나면 하수도로 갑니다. 최근에는 하수도를 처리하는 과정 중 나오는 미생물덩어리들을 발효시키고, 물기를 추려서 발전소연료로 재활용합니다. 중소기업에서는 저희가 국내 1등이고, 전체 순위는 국내 4위 정도입니다. 한강에는 물을 생산하는 6개 정수장 시설이 있는데 한강에 있는 물을 펌프로 퍼 올려서, 정수시설로

물을 깨끗하게 생산해냅니다. 이런 것들에 환경공학 분야가 도전을 합니다. 깨끗한 물의 중요성 때문에 물 값이 점점 올라가서 자동차 휘발유 값에 거의 육박해가고 있습니다. 또한 커피 바리스타처럼 물도 선별해서 먹도록 도와주는 일도 직업군으로 자리 잡고 있을 정도로 새로운 분야로 성장하고 있고, 많은 기술개발이 이루어지고 있습니다.

기본의 중요성

이러한 여러 기술들이 개발되는 것에는 현장의 경험도 영향을 미치지만 지나고 보니 학교 수업을 잘 듣는 것이 중요하다는 것을 알게 되었습니다. 교과서에 나오는 내용은 일반 사람들이나 비전문가의 경험에 따른 것보다는, 많은 부분이 이전에 토론되고 학술적 가치로 인정받은 내용이 교과서에 실려 있는 것이기 때문에 교과서의 내용이 표준이 된다고 생각합니다. 제가 학교에 다닐 때도 교수님이 예습 복습이 중요하다고 강조하셔서 책을 5번씩 읽었고, 쪽지시험이나 계산 문제들도 열심히 복습해서 지금까지도 외우고 있습니다. 학교에서 배운 내용을 충실히 학습하고 이것이 사회에 나와서 활용될 때, 진정한 정도를 나누는 경영, 기술 활용 등 여러 가지가 가능해질 것 입니다. 저도 환경신기술을 박사과정에서 개발한 것이고, 제가 아들을 둘 두었는데 아들 둘도 모두 서울시립대에서 환경을 전공해서 큰아들은 환경공학과 석사과정을 졸업했고, 둘째 아들은 환경공학과에 다니고 있습니다. 총장님께서 같은 서울시립대학교 같은 학과를 부자가 모두 다니는 집안은 대한민국에 없을 것이라고 격려를 해 주셨습니다. 그래서 앞으로도 학교에도 잘 해야 하고 환경기술 발전을 위해서도 제가 최선을 다해 잘 해야 될 것 같습니다.

인성적인 기본도 중요합니다. 최근에 사회에는 기부문화가 퍼져나가고 있고, 돈을 기부하는 것도 중요하지만 어르신들을 돕고 몸으로 하는 일 또한 꼭 필요합니다. 그래서 저희 회사는 직원들이 최소 16시간 이상, 많게는 64시간을 자원봉사하도록 지원하고 있습니다. 전국에 10개 사업장이 있다 보니 벽화를 보내주기도 하고, 잡초도 제거해주고, 형광등이나 라면도 제공하는 등 여러 가지 다양한 봉사활동을 하고 있습니다. 또한, '동전 모음'이라고 천원 미만의 동전, 즉 990원 이하의 경우 그 금액을 떼서 1년 동안 모읍니다. 전 직원이 260명인데 모두 같이 모으고 매년 별도로 지역사회에 기부하고 있습니다.

삶은 선택이다

"삶은 하나의 선택을 강요한다"는 주제를 정했는데 조금 거창한 것 같기도 합니다. 우리는 매순간 살아가면서 선택을 해야 합니다. 점심 메뉴도 결정해야 하고, 대학에서 공부하시는 분들은 사회로 가기 위해서 어떠한 선택을 해야 합니다. 계속 공부를 해야 할지, 사업을 해야 할지, 아니면 기업에서 일을 좀 하다가 사업을 할지, 이런 선택이 필요한 시기인 것 같습니다. 제가 사장이기 때문에 사장으로 사는 고충도 당연히 존재합니다만 창업에 대한 생각을 곰곰이 해보고 지금부터 도전하고 준비하라고 권해드리고 싶습니다.

결혼식에 가거나, 호텔에 가거나, 좋은 만찬 자리에 가게 되면 식사를 위해 테이블이 세팅되어 있습니다. 그때 왼쪽에 있는 물을 마셨나요, 아니면 오른쪽에 있는 물을 마셨나요? 아마 대부분 별 생각 없이 마셨을 겁니다. 하지만 어떤 물을 선택해서 마셨느냐에 따라 옆 분에게 실례가 되기도 하고 식사 예절을 잘 지키는 사람이 되기도 합니다. 테이블 매너상 자신의 우측에 있는 물을 마시는 것이 맞습니다. 우리가 평상시에는 편하게 먹지만, 당연한 식사할 때도 선택이 필요하다는 겁니다. "앞으로 삶의 이정표에서 나의 인생을 어떻게 선택할 것인가?"가 중요한 이슈가 될 것입니다.

저는 1982년도에 대학교에 입학했고, 당시에는 민주화운동을 많이 하던 시기여서 휴강도 많고 공부하기 싫을 때는 컵 차기도 많이 했습니다. 왜 이런 얘기를 하냐면, 공부를 잘한다고 해서 사회에서 1등이 될 수 있을까요? 일반적으로 좋은 직업이라고 하면 '사'자 들어가는 판사,

검사, 의사 등을 언급합니다만, 저는 공부를 못했는지 '사'자가 끝에 있는 게 아니라 앞에 있습니다. '사'장! 사장은 흔합니다. 식당에 가도 다 사장님이고 가게에 가도 다 사장님입니다.

저는 공부를 좀 더 해야겠다 싶어서 대학원 진학을 생각하고 있었고, 3학년 2학기 10월까지 학교를 다니다가 집안사정이 여의치 않아서 도중에 군대를 갔습니다. 제대 후에 3학년 2학기로 복학했는데 2학기가 되니까 철이 조금 들었나 봅니다. 집안사정 때문에 공부는 중도 포기한 상황이니 1년 뒤, 1년 반 뒤에 사회로 나갈 때 어떤 선택을 해야 하는지 고민이 되었습니다. 저는 창업을 해보고 싶었습니다. 그래서 큰 대(大)자에 구름 운(雲)자를 써서 '대운환경'이라고 적었습니다. 환경을 전공했고 제 이름에 '운'자가 들어가서 대운환경이라고 생각했습니다. 선배들이나 누가 앞으로 뭐 할 거냐고 물으면 저는 항상 대운환경 하겠다고 했습니다. 책상 앞에서 회사이름을 붙여보기도 했습니다.

그러던 제가 어느 순간 직장생활을 하게 되었습니다. 취업이 잘 안 돼서 교수님 추천으로 중소기업에 잠깐 있다가 현대그룹의 현대엔지니어링에서 일을 했었습니다. 현대엔지니어링도 물론 세계적인 기업이었지만 대양바이오테크로 스카우트가 되서 이직하게 되었습니다. 이곳에서 계속 근무하다가 창업자가 미국으로 이민을 가고, 제가 아주 조그마한 회사를 인수하게 돼서 그때부터 열심히 일했습니다. 열심히 일하면서 학교나 교과서에서 배운 대로 되는지 현장에서 살펴보기도 하고, 밤도 새보고, 눈물 젖은 빵도 숱하게 먹어 가며 열심히 발품을 팔아서 회사를 키워갔습니다. 2010년도에 다른 기업이 M&A를 하고 싶다고 했는데, 큰 그룹사에서 저희 회사를 지켜보다가 다른 사업진출과 연결이 되어서 저희 회사를 인수하게 되었습니다. 그 당시 자그마치 90억이 제 통장에 입금이 되었습니다. 제 지분 100% 중에 80%를 팔았는데, 90억이 통장으로 입금되는 상상도 못 할 일이 일어났습니다. 회사 매출이 70억일 때였는데 90억 통장을 보고 이게 돈인지 휴지조각인지 그 정도로 무감각하고 아무 생각이 없어졌습니다.

그래도 저는 일에 대한 열정이 있었던 것 같습니다. 저희 회사를 인수했던 그룹에서 다른 사업으로 방향을 변경하면서 저를 보고 다시 인수하는 게 좋겠다는 의견을 주셔서, 제가 딱 이틀을 고민하고 다시 인수했습니다. 통장에 가지고 있던 돈은 다시 돌려줬는데 그 과정에서 팔아보기도 하고, 사보기도 하는 경험을 통해 많이 배우고 회사를 열심히 운영해서 회사가 154억 정도로 성장했습니다. 5년 만에 유턴을 하면서 제가 다시 회사 상호를 바꾸고 현재 360억 정도의 매출을 올리는 강소기업으로 성장했습니다. 지나고 보니까 돈은 별로 중요하지 않은 것 같다는 생각이 듭니다. 이런 얘기를 하면 사장님이니까 쉽게 말한다고 생각할 수 있겠지만 돈은 순간 사라집니다. 근데 그런 결과물이 오기까지의 노력, 실력, 열정, 또 같이 동고동락한 직원들을 생각하면 혼자 이 돈을 쓰기가 두려워지는 겁니다. 물론 저희 회사의 매출이 삼성그룹, 현대그룹에 비해서는 차이가 나지만 우리 업계에서는 뛰어난 활약을 하고 있고, 베트남 하노이에도 법인을 두고 더욱 성장하고 있습니다. 앞으로 제가 하고 싶은 일은 스타트업 기업, 창업하는 분들한테 소액이라도 지원을 해서 생산성 있는 일을 하고 아이디어를 공유하고 발전시키는 일들을 하려고 합니다. 환경 분야뿐만 아니라 다른 분야에도 열려있습니다.

사장으로 산다는 것

속은 타도 웃어야 합니다. 직원들, 고객들이 뭐라고 해도 속은 타들어갈지언정 항상 'I'm OK'로 항상 표정관리를 하고 있어야 합니다. 외모 역시 매일 넥타이를 매고, 2:8 머리를 하고, 셔츠도 다림질을 해서 입어야 합니다. 제가 사장이지만, 저도 급여를 받습니다. 직원이 260명인데 급여를 돈으로 환산해보면 인건비만 해도 굉장히 큰돈이 필요합니다. 부도가 나기도 하고, 운이 좋아서 지금까지 왔는데 저도 월급쟁이이고 싶을 때가 있습니다. 그만큼 큰 책임이 따르는 자리라고 말씀드릴 수 있습니다. 또한, 사장은 왼쪽에서 하는 얘기도 들어야 하고 오른쪽에서 하는 얘기도 들어야 합니다. 앞을 볼 때, 또한 뒤도 돌아봐야 되고, 눈물을 흘려야 될 때도 있고, 목소리를 내야 될 때도 있고, 말처럼 달려야 할 때도 있는 게 사장입니다. 저는 환경공학을 전공해서 경영에 대한 이해가 부족한 적도 있었습니다. 제가 학교 다닐 때는 세무, 회계, 재무 같은 과목을 공대생들이 선택과목으로만 수강했는데 이런 과목들을 학교에서 배우고 사회로 나온다면 정말 훌륭한 재료가 되고 사장이 되기 위한 큰 밑거름이 될 수 있을 것이라 봅니다.

한자에 '운칠기삼(運七技三)'이라는 말이 있는데 대부분 이 말은 "네 운이 좋아서 성공했다"라고 할 수 있는 상황에 쓰입니다. 저는 보잘 것이 없는데 우리 직원들이 정말 잘 해주었고, 우리 선후배들이 도와줬고, 그래서 지금의 모습이 될 수 있었던 것 같습니다. 운이 있는 사람이 살아남는 시대라고 할 수 있고 저는 운이 있어서 살아남은 것 같습니다.

기업가로의 선택

제 대학 동기들을 보면 한 명은 목사, 한 명은 문화재 관련 공무원, 한 명은 기업 임원입니다. 대학교 다닐 때는 같이 유원지에 놀러가기도 하고 재미있게 놀고 공부도 열심히 했습니다. 지금은 배도 많이 나오고, 머리도 하얗게 세고, 손자, 손녀를 둔 친구도 있습니다. 친구들 중에는 이미 정년퇴임을 해서 또 다른 선택을 해야 하는 방황의 기로에 선 경우도 있습니다. 사장으로 산다는 것은 참 쉽지 않은 일이지만, 저는 한 기업의 대표로서 아직 왕성하게 활동을 하고 있습니다. 삶은 하나의 선택을 강요합니다.

기업가정신에 대해 정리해보면 기업가는 불확실성에 대한 대비를 해야 하고, 직원들에게 월급을 줘야 하니 열심히 일해야 하며, 일감이 떨어지면 어려워지니 24시간 페달을 밟아야 합니다. 그리고 무엇보다 독립하려는 욕구, 성격상 독립성이 강한 분들이 사업에 좀 더 적합할 것 같습니다. 또 사물을 볼 때 기회를 포착하는 것이 굉장히 중요합니다. 어떤 시대의 흐름이나 변화가 있더라도, 기업가로서의 리더십과 통솔력도 필요합니다. 우리나라의 유명한 창업자들의 어록을 보면 현대그룹 정주영 회장은 "이봐, 당신 해봤어?"라는 말을, 삼성그룹 이병철 회장은 "기업이 살아야 국가도 산다. 국가가 살아야 기업도 산다"는 말을, 삼성그룹 이건희 회장 "마누라와 자식 빼고 다 바꿔라"라는 말을 남겼습니다. 이러한 기업가들의 삶, 열정, 어록 등을 통해서 우리가 미래를 어떻게 살아가고 어떤 선택을 해야 하는지 지표로 삼게 되는 것입니다. 창업에 대한 저의 생각을 말하자면 창업은 일을 만드는 것이고, 사고를 치는 겁니다.

창업을 위한 준비

요즘은 100세 시대입니다. 기대수명이 100세로 많이 늘었습니다. 제가 올해 57세인데 만약 제가 기업에 있었다면 임원을 했거나, 아니면 부장 정도가 되었을 겁니다. 제가 현대에 계속 있었으면 임원은 못 달았겠지만, 부장 정도로 은퇴를 했거나 일을 잘 못했다면 50세쯤 회사를 그만두었어야 했을지도 모르겠습니다. 최근 기대수명은 길어졌는데, 60세쯤 공식은퇴를 하고나면 남은 기간 동안 우리는 또 다른 일을 해야 됩니다.

대학생들에게 일하고 싶은 곳에 대해 설문조사를 했더니 대기업, 그 다음은 공공기관, 또 중견기업이고, 중소기업은 3.5%만이 희망한다는 결과가 나왔습니다. 그런데 우리나라의 99%는 중소기업이고 1%가 대기업입니다. 우리 경제는 대기업도 중요하지만, 밑에 있는 중소기업의 영역이 경제의 흐름이라는 측면에서 굉장히 중요한 것입니다. 그러나 개인의 입장에서 보면 월급을 많이 주고, 결혼하는 데도 영향을 미치니 대기업에 눈높이를 가져가는 것 같습니다. 그런데 이제는 대기업에 근무하면 은퇴시기가 좀 빨라집니다. 지금 우리 아이가 결혼해야 할 시기가 되었고, 돈이 많이 필요한 상황인데 만약 제가 은퇴를 해서 직장을 다니지 못한다면 집에서 밥을 얻어먹기가 어려워질 겁니다. 그런데도 학생들은 대기업만을 바라보며 어학성적, 높은 학점, 자격증 같은

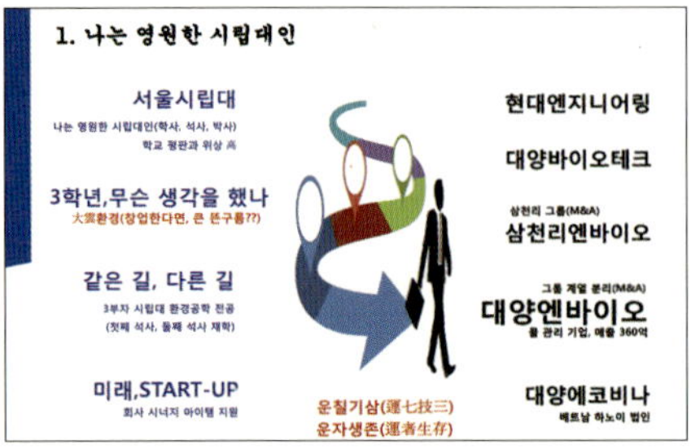

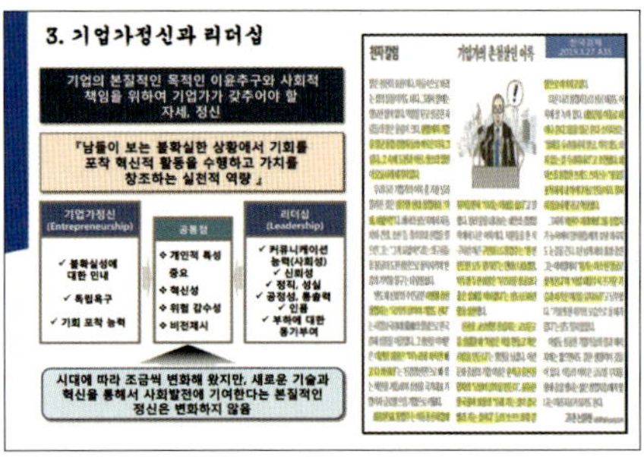

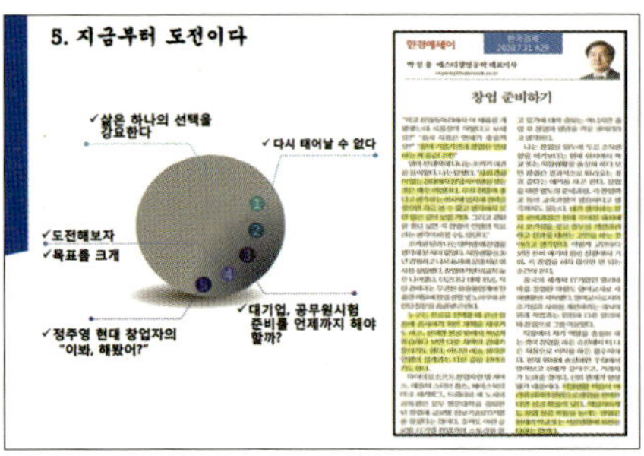

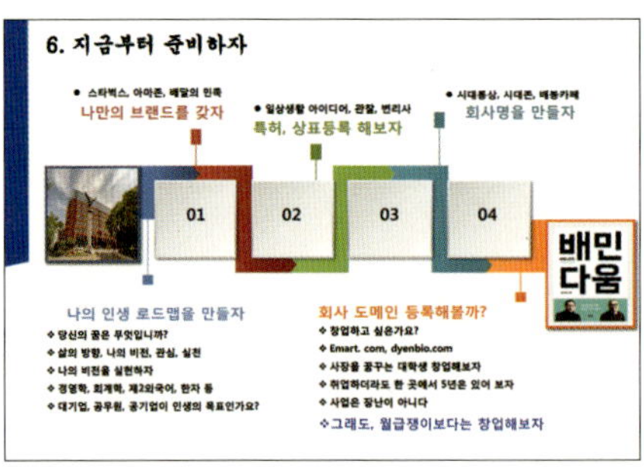

스펙에만 몰두하고 있습니다. 물론 이것이 나쁘다고 할 수 없지만 저는 여러분에게 인턴을 추천하고 싶습니다. 기회가 되면 인턴을 많이 했으면 좋겠고, 인턴할 때가 없으면 아르바이트라도 해서 일을 경험해 보면 좋겠습니다. 그런 경험들이 창업을 하든 대기업이나 중소기업에 취업을 하든 큰 바탕이 될 것입니다.

대부분의 학생이 창업을 하지 않는 이유는 아무래도 갈수록 안정적인 직장을 선호하고, 실패에 대한 두려움이 있기 때문입니다. 하지만 실패는 젊어서 하는 게 차라리 낫습니다. 나이 들어서 실패하게 되면 돈이 많이 듭니다.

우리가 선택할 수 있는 길 중에 공무원도 있고, 고시를 볼 수도 있고, 대기업에 갈 수도 있지만, 한 명이라도 창업이라는 선택을 한다면 저는 한 표를 보내

드리고 싶습니다. 100세 시대에 대기업에 들어가서 60세에 퇴직하게 된다면 나머지 40년을 보내기 위한 경제활동을 해야 합니다. 그럼 60세에 창업하시겠습니까? 우리가 창업을 하려면 돈도 있어야 되고, 기술도 있어야 되고, 남보다 뛰어난 역량이 필요할 것입니다. 창업을 준비하기 위해 항상 호기심을 갖고, 그림을 그려 보는 겁니다. 저는 준비해야 된다고 말씀드리고 싶습니다. 거리를 보면 수많은 간판이 있습니다. 의사, 변호사, 변리사도 있고, 학원, 농협, 마트, 안경점, 한의원, 음식점 등 많이 있습니다. 이런 거리를 지날 때 어떤 생각을 하세요? 건물의 간판이 우후죽순처럼 정신없다고 생각하나요, 아니면 건물에 간판 하나를 달아야겠다고 생각하나요? 지금부터 준비하면 더 좋은 건물에 여러분의 이름이 올라가고, 여러분의 상호가 여기 적혀 있을 것입니다. 저는 학교의 창업지원단이 출발점이라고 생각합니다. 여기에 자주 들락거리고, 교수님한테 자꾸 여쭤보고, 업무하시는 선생님들한테 관련 정보도 얻으면서 부지런히 상담하고, 찾아가고, 움직여야 합니다.

인생의 로드맵

앞서 100세 시대에 대해 언급했는데, 여러분은 100세 시대를 앞두고 무엇을 계획하고 계십니까? 여러분이 20세 초반에서 중반의 시기를 지나고 있다고 가정하면, 앞으로 남은 시간은 80년, 70년 정도인데 그림을 한 번 그려보는 게 오늘의 가장 중요한 일이 될 것입니다. 오늘 오후, 내일, 일주일 이렇게 당장의 일정이 아니라 크게 5년 단위, 10년 단

위로 수강 과목에 대한 계획, 공부 분야에 대한 계획, 여행과 결혼 계획, 또 이 시기에 창업을 한 번 도전하겠다는 계획 등 여러분만의 로드맵이 필요합니다. 100년 로드맵이 어느 정도 정해져야 하고, 20년 로드맵, 30년 로드맵을 구체적으로 만들면 버킷 리스트가 나오게 됩니다. 만약 여행을 싱가포르로 가게 되면 옆에 있는 홍콩도 가봐야 되고 말레이시아도 가보고 싶어집니다. 여행에 대한 눈높이가 생기게 됩니다. 제가 일본을 20번 정도 갔는데 일본어를 못하니까 공항에서 항상 일본어 회화책 사서 조금 보고 다음에 일본 갈 때 또 사서 조금 보고 하다가 어느 순간 아주 잘하는 것은 아니지만 여행은 가능한 정도의 일본어를 구사하게 되었습니다. 최근에는 베트남어에도 관심을 갖게 되었습니다. 어떤 목표를 정하니까 공부를 하고 싶어집니다.

여러분의 삶을 어떻게 구현해 갈 것인가에 대해서 고민해야 하는 시기입니다. 이때 꿈의 크기가 인생의 크기를 좌우하는 것 같습니다. 꿈의 크기는 항상 크게 가져가는 것이 효과적이고, 회사에서도 매출 목표를 크게 가져가면 더 좋은 성과를 내게 됩니다. 《성공하는 사람들의 7가지 습관》이라는 책에 보면 성공의 공통점은 '삶의 방향, 목표가 분명했다'고 언급합니다. 지금 시점에 나는 동쪽으로 갈지, 서쪽으로 갈지, 세계를 향해 갈지, 이런 목표 방향이 필요한 시기입니다. 대학교 1, 2학년 때는 로드맵이 꼭 있어야 하지는 않지만 3, 4학년쯤 되면 인생의 로드맵에 대한 진지한 고민이 필요합니다. 그리고 기본적으로 경영, 회계, 세무 관련한 공부와 글로벌 시장을 대비하기 위한 한자 공부나 외국어 공부 등을 로드맵에 포함시키면 도움이 될 것입니다. 인생로드맵은 매번 수정하고 업데이트하는 것이기 때문에 겁내지 말고 시도해 보길 바랍니다. 마지막으로 '스타벅스, 아마존, 배달의 민족'과 같이 여러분의 브랜드 이름을 하나 만드세요. 로드맵을 만들고, 상표를 만들어서 실제 기업이 나왔으면 하는 희망을 가져봅니다. 그러나 이런 아이디어들을 그냥 두는 것이 아니라 구체화할 필요가 있습니다. 사장을 꿈꾸는 대학생 창업도 로드맵으로 그릴 수 있습니다. 창업보육센터에서 공간을 지원받을 수도 있고, 1인창업도 국가에서 지원하는 제도가 굉장히 많이 있습니다. 창업 아이디어를 제안해서 할 수 있는 기회들이 굉장히 많이 있고, 아니면 취업을 먼저 해보고 5년 정도 기업에 근무하면서 학교에서 배운 것들을 실전에서 경험해 보고, 사회에서 필요한 기술도 습득한 뒤 창업을 한다면 훌륭한 사업가 기업인들이 많이 나올 것이라고 생각합니다.

Q 선택을 잘 하는 방법은 무엇인가요?

A 저도 선택을 잘 못하는데, 제 선택이 맞았는가 생각할 때 틀릴 수도 있다고 생각합니다. 저는 틀려도 괜찮다고 생각합니다. 하지만 선택의 오차를 조금이라도 줄이기 위해서 많은 분들의 이야기를 경청하고, 특히 책을 많이 읽습니다. 책 속에 답이 많이 있고, 도움을 줄 수 있는 선후배나 창업에 관심이 있다면 창업지원단에 드나들면서 오차를 줄이기 위한 노력을 하는 것이 도움이 될 것입니다. 그 오차를 줄이는 최선의 선택, 아니면 차선의 선택을 하는 것입니다.

강연 후기

박종운 기업가는 운칠기삼과 운자생존을 설명해주었다. 각각을 관통하는 맥락은 조금 다를 수 있지만, 기본적으로 두 용어 모두 운의 지배를 인정하는데, 자신이 여기까지 올 수 있었던 것은 대부분 운을 토대로 이루어졌다는 것이다. 물론 나도 짧은 삶을 살면서 모든 일에 운이 크게 작용한다는 점을 인정하지만, 자신이 이룬 일들이 대부분 운 덕분이라고 말하는 박종운 기업가의 모습을 보면서, '성공한 자의 여유에서 비롯되는 생각일까, 겸손한 태도에서 비롯되는 생각일까?'라는 궁금증을 갖게 되기도 하였다.

또한, 사장으로 산다는 것을 설명해주었는데, 나는 강연 내용 중에서 이 부분이 가장 흥미로웠다. 먼저 '속은 타도 웃어야 한다'고 한다. 대표로서, 속이 타는 일이 생겨도 웃으면서 일을 진행할 수 있어야 한다는 것이다. 다음으로, '삶은 하나의 선택을 강요한다'는 것이다. 삶은 선택의 연속이고, 공무원 시험 또는 공기업, 대기업 등 안정적인 미래에만 가치를 우선하지 말고 이루고자 하는 더 큰 꿈과 비전을 담아 삶의 목표와 방향을 선택하기를 바란다고 말했다. 꿈의 크기는 인생의 크기를 좌우한다고 생각하므로, 꿈의 크기를 크게 하고, 삶의 목표와 방향을 설정할 필요가 있다는 것이다. 도전을 두려워하지 않고 나아가며, 목표를 크게 잡으라는 그의 조언이 가슴속에 깊게 남았다. 이 강연이 끝나고 나서 내 삶의 로드맵을 그려보았는데, 마냥 완벽하다고 생각했던 내 인생 목표가 초라해 보이는, 다시 새로운 목표를 가져보고 싶다는 생각이 들게 되었던 멋진 강연이었다.

나는 창업에 대해 아는 바가 없었다. 창업은 나와 굉장히 먼 이야기라고 생각했고, 앞으로도 그럴 것 같다고 생각했었다. 이 강의를 수강하고자 했던 것은 나와 다른 세상 사람들의 이야기를 들어보고, 그러한 메커니즘을 배워보고 싶다는 마음에서였다. 하지만 기업가 분들의 강연 속에서 그들의 창업 경험을 접하며 새로운 것들을 배우게 되었고, 창업이 마냥 먼 이야기만은 아니라고 생각하게 되었다.

국사학과 **이 수 빈**

동문 기업인의 창업성공스토리

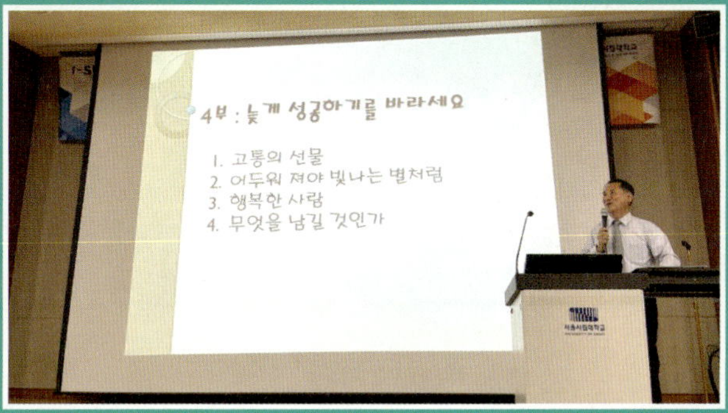

(주)휘일 대표 **유 태 승**

회 사 명 (주)휘일

회사소개 알루미늄, 자동차부품 시장의 글로벌 리더로서 독자적인 생산방식과 끊임없는 혁신으로 친환경 시대, 새로운 미래를 준비하는 기업

설립연월 2000년 6월

사업분야 자동차부품(에어컨부품), 자동화기계, LED제품, 부품 제조, 도소매, 무역/부동산 임대 등 자동차 부품 제조업체

매 출 액 233억(2019년)

직 원 수 112명(2020년)

기업가적 리더십 키워드

정성, 최선, 목표성취

(주)휘일 대표
유 태 승

시인 기업가

저는 '㈜휘일'이라는 기업의 회장이자 시집을 여덟 권 발간한 시인이기도 합니다. 최근에 '내 마음에 장대'라는 제목으로 시집을 발간하였는데, 장대란 감이나 밤 같은 것을 딸 때 사용하는 긴 막대를 말합니다. 저는 그런 장대로 겨울을 탄다는 뜻으로 《내 마음에 장대》라고 시집을 내게 되었고, 그전에도 여러 권을 냈습니다.

최근에 낸 일곱 번째 시집은 6개 국어로 번역을 하고 있습니다. 영어로도 번역을 하고 있고 중국어로도 번역을 해서 인쇄에 들어갔습니다. 영어, 중국어, 일본어, 이탈리아어, 스페인어, 프랑스어 등 6개 국어로 번역이 됐는데, 굳이 번역을 하는 이유는 영어로 번역된 시를 공부하다 보면 자연스럽게 제가 이 시에서 얘기하고 싶은 것들을 알게 되기 때문입니다. 그리고 여러분에게 메시지를 주는 교육적인 의미도 가지고 있습니다. 일단은 외고나 외대 학생들한테 이 시집을 무상으로 제공하여 실패에 관련된 시 등을 통해 메시지를 주고 싶습니다. 누구나 빨리 성공하고 싶어 합니다. 제 시는 큰 그릇은 금방 이루어질 수 없기 때문에 여러분들이 빨리 성공하려고 할수록 작은 일을 충실히 해야 한다는 의미를 담았습니다. 여러분들의 그릇에 따라서 준비할 때 달라지기 때문에 그런 의미들을 여러분께 전달하고 싶어 시집을 내고 무상으로 학생들에게 배포하려고 하고 있습니다.

"늦게 성공하기를 바라세요"

제가 사업을 1984년도에 시작했는데, 지금 37년차쯤 되니까 젊은 학생들은 태어나기도 전이겠죠. 지금까지 사업을 시작하고 운영한 이야기를 해보려고 합니다. 서두르면 큰 사람이 되기 어렵고 게으르면 아무것도 이뤄지지 않을 겁니다. 그래서 '늦게 성공하기를 바라세요'라는 주제로 이야기하려는 것입니다. 큰 의미는 없지만 제가 살아온 인생 이야기를 네 개의 부분으로 나눠보았습니다. 제가 살아온 인생은 순탄하지는 않았습니다. 인생살이가 힘들지 않은 사람이 어디 있겠습니까? 다 힘들고 순탄치 않습니다. 저는 쓰러져 보기도 했고, 겨울이면 얼음이 어는 집에서 꽤 여러 해 살아보기도 했는데 아주 어렸을 때가 아니라 우리 아이들이 중학생 때였습니다. 내 자식이 얼음 어는 집에서 산다는 것은 참 슬픈 일입니다.

저는 고향이 부천인데, 중학교 2학년 때까지는 잘살다가 어머니가 돌아가시면서 그해부터 인생이 바뀌었습니다. 중, 고등학교를 걸어서 등하교했고, 고등학교 때는 진짜 가난해서 공짜로 갈 수 있는 즉, 장학금을 받고 다닐 수 있는 학교로 진학해서 다녔습니다. 대학교 졸업할 때쯤에는 대학원에 가고 싶었던 기억이 납니다. 하여튼 어렵게 자라서 1976년도에 대학을 졸업하고 ROTC 14기로 군대 생활을 하고 나와 1978년도에 사회에 나오게 되었습니다. 대학 졸업 후 직장생활을 하면서 결혼을 했는데 형편이 여의치가 않아 동문의 아파트에서 방 하나를 외상 전세로 시작했습니다. 나중에 한참 후에야 갚았지만 시작은 어렵게 했고, 2년 만에 집을 샀습니다. 지금 생각하면 불가능한 일이지만 당시에는 직장 다니면서 차비밖에 안 썼습니다. 친구도 안 만나고 아껴서 2년 후 책방을 운영했습니다. 제가 돈은 없어도 신용은 있었기 때문에 돈을 빌려서 책방을 시작할 수 있었고 밤에는 퇴근해서 책방을 봤습니다. 지금은 우리나라 1% 안에 충분히 들어갈 것 같지만, 시작은 가난했기에 아내가 많이 고생을 했습니다.

제가 처음에 사업을 하게 된 동기는 다니던 직장에서 유모차를 만들었는데 사장님이 욕심이 있어 고급 유모차를 만들려고 했

습니다. 사장님은 상위 1% 정도의 똑똑한 분으로 시간이 걸려도 노력해서 고급 유모차를 생산했는데 팔리지를 않았습니다. 그러다 회사 사정이 안 좋아져서 4개월 치 월급을 못 받았는데 아내가 쌀이 떨어졌다고 했습니다. 저는 열심히 일했는데 쌀이 떨어졌다는 말에 화가 나서 부장한테 "사람을 부려먹었으면 월급은 줘야 하지 않냐" 했더니 자기도 못 받았다고 했습니다. 그래서 어렵게 한 달 치 월급을 받아갔는데 이런 수준이라면 다른 곳을 알아봐야겠다는 생각이 들었습니다.

제가 다닌 회사의 생산품인 유모차는 뒤에 쿠션감을 위해 스프링을 달았는데 이 공장도 운영이 힘들어 회사가 공장을 팔려고 2,800만원에 내 놓았었습니다. 어떤 사람이 1,500만원에 사려고 하니까 사장님이 그럴 바에 고철로 팔아버린다고 했습니다. 고철로 팔면 천만 원도 못 받는데 어차피 월급을 못 받을 바에는 사업을 인수하고 인수대금을 외상으로 준다면 사업을 해봐야겠다는 말도 안 되는 생각을 해봤습니다. 집에 쌀도 없는 놈이 무슨 사업을 하겠습니까? 사장한테 얘기했더니 정색하기에 제가 "당신이 외상을 준다면 내가 사업을 해보고 싶다"고 했더니 화도 내지 않고 말없이 가만히 계셨습니다. 저는 당시에 이직을 준비하고 있었는데 합격이 돼서 출근만 하면 되는 상황이어서 사장님께 상황을 설명하고 외상으로 공장을 주신다면 제가 운영하고 아니면 합격한 회사로 출근하겠다고 했습니다. 사장님이 빚을 어떻게 갚을지 물으셔서 열심히 해서 갚겠다고 하니까 떼어먹을 사람은 아니라고 하면서 공장을 내주셨습니다. 그리고 원금 그대로 4년 만에 다 갚았습니다.

그렇게 사업을 시작하게 되었고 지금은 자동차 부품, 자동차의 에어컨 부품을 생산하고 있습니다. 저희 회사의 강점은 90% 이상이 특허로 무장되어 있다는 것입니다. 연매출은 3백억 대로 그렇게 크지는 않지만 좋은 점은 국내 자동차 에어컨 부품을 독점한다는 겁니다. 세계 시장에서 저희 제품이 30%를 점유하기 때문에 수익에서의 이점이 있습니다.

흔들의자 100개

앞으로 흔들의자를 100개 만들려고 준비하고 있는데 제가 그동안 신세 진 사람들에게 흔들의자 100개를 나눠주고 싶다는 꿈을 꾸고 있습니다. 나이는 먹었지만 아직까지도 무엇인가 하고 싶다는 꿈을 꾸는 겁니다. 나누는 꿈을 꾸긴 하지만 세상일이라는 것이 경쟁입니다. 경쟁이 긍정적이지 않을 때도 있지만 대부분의 경쟁은 오히려 발전에 도움을 줍니다. 치열한 경쟁이 성과를 만들어내기도 합니다. 하지만 경쟁을 해야 하는 세상이 공정하지 않기도 합니다. 부자이거나 가난하거나, 건강하거나 아프거나, 머리가 좋거나 나쁘거나 이렇게 다 다르게 태어나기 때문에 완벽하게 공정할 수는 없습니다. 그렇기 때문에 선천적인 것, 이미 지나간 것을 가지고 원망할 필요는 없습니다. 그 대신 긍정적으로 보면 각자 주특기는 있어서 노력을 하면 훌륭한 사람이 될 수 있는 재질을 모두 가지고 있습니다. 저도 우리 어머니가 중학교 때 돌아가셔서 억울하고 힘들었지만 그것 때문에 더 강해진 것도 있습니다.

최소양분율의 법칙이라는 것이 있습니다. 우리 몸을 예를 들면 수

분이 몸의 대부분을 차지하니까 제일 중요합니다. 그렇지만 몸을 형성하고 유지하기 위해서는 철분이나 다른 요소들이 들어가야 하는데 그 중에 뭔가가 부족하다면 그것 때문에 여러분의 건강에 문제가 생기게 됩니다. 이것을 사업에 적용해봅시다. 사업을 하는데 돈도 있고, 기계도 있고, 자재도 있는데 오더가 없다면 0이 됩니다. 오더가 없으니, 평균으로 안 된다는 겁니다. 이번엔 오더도 있고 다 있는데, 자재가 없습니다. 그럼 아무것도 안 됩니다. 그래서 0점입니다. 여러분들의 인생은 평균으로 잡는 게 아니라 여러분들이 가지고 있는 것 중 제일 부족한 것으로 인생이 정해지게 됩니다. 그렇기 때문에 강조하고 싶은 것은 제일 부족한 것을 키워야 한다는 것입니다.

그리고 인생을 지혜롭게 살아야 합니다. 만약 제가 사업을 하다가 망했다면 옆에 있는 친구들이 도와줘야 되는데 다 도망갑니다. 반대로 제가 잘 되고 있으면 도와줄 필요도 없는데 도와줍니다. 이런 사람들이 많은데 여러분들은 상심하고 힘들어하는 친구들에게 가서 위로해주는 사람이 되기를 바랍니다. 제가 예전에 일할 때 우리 회사는 잘 안 되는데, 주변 회사는 참 잘 돼서 엄청 부러워했습니다. 그래서 이 회사는 왜 잘 되나 봤더니 어떤 기술자 한 명이 그 회사를 먹여 살리고 있었습니다. 그래서 제가 그 기술자를 찾아가서 친하게 지내려고 밥도 사주고 몇 년을 친하게 지냈습니다. 신기하게도 저랑 띠 동갑에 생일이 같아서 더 친하게 지냈는데 어느 날 상심해 있기에 왜 그런지 물어보니 부인이 암에 걸렸다고 했습니다. 그 친구는 회사에서 열심히 일했는데 생각보다 돈이 얼마 없어서 그 회사 사장님한테 사정 얘기를 하고 지원해달라고 했는데 도움을 못 받았습니다. 그래서 제가 꽤 많은 돈을 줬습니다. 그 친구를 스카우트하려는 것이 아니라 부인을 잘 치료하라고 도와줬는데 결국 부인이 2~3년 후에 돌아가셨습니다. 그 후에 그 친구가 나를 도와주고 싶다고 하면서 회사에 왔기에 제가 회사를 보여주면서 자신 있는 것을 도와달라고 하니 금형을 도와주겠다고 했습니다. 당시 저희 회사에 금형을 개발해주는 오더가 있었는데 시간이 얼마 남지 않아 고심하고 있던 차에 그 친구가 작업을 해줘서 덕분에 100억 넘게 벌었습니다. 저는 그 친구가 100억을 벌어줄 것 같아서가 아니라 그냥 도와준 것인데, 그것이 아직까지도 영향을 주고 있습니다. 8시간 일하고 그만큼 연봉을 받고, 1+1=2라는 계산법만으로는 부족합니다. 마음에서 우러나오는 지혜가 필요합니다. 제 주위의 직원들이나 친구들은 잘 될 때보다 어려울 때 도와주는 사람이라고 저를 생각합니다. 저에게도 은인들이 많은데 아마 그것 때문에 성공하게 된 것이 아닐까 생각합니다. 잔머리로 계산하지 말고 큰 머리로 세상을 살아야 합니다.

작지만 지극한 정성이 미래를 바꾼다

제가 지은 시 중에 '아주 작은 일에도 지극한 정성을 들이면 기적이 일어난다'는 구절이 있는데 작은 일이라도 간과하지 않고 최선을 다하는 것이 중요합니다. 제가 사업이 어려웠을 때 3천만 원을 빌려준 사람이 있는데, 그분은 자기 돈을 빌려준 것이 아니라 본인도 다른 사람에게 빌려서 저한테 빌려줬습니다. 제 사업이 위태로운데 다른 사람에게 빌려서까지 빌려주니 저도 이상한 사람이 아닌가 생각했습니다. 지금

3천만 원 하면 별 것 아니라고 생각할 수 있지만 어려울 때는 큰돈이 됩니다. 처음에는 저도 안 받으려고 했고 그분을 믿지 못했지만, 지금은 너무 고맙고 오래 전의 일이지만 제가 감동받은 일입니다.

당연하고 간단한 인사도 어떻게 하느냐에 따라 상대방이 다르게 느낍니다. 진짜 정성을 들여서 인사하는 사람과 성의 없이 인사하는 사람은 굉장히 다릅니다. 간단한 일이지만 도움이 필요할 때 그냥 무시하고 지나치는 사람도 있고 도와주는 사람도 있습니다. 이런 작은 도움이 어마어마한 힘을 발휘하게 됩니다. 이 작은 도움으로 기적이 일어날 수도 있습니다. 제가 돈이 없었을 때 정성을 드리는 것을 많이 했고, 지금도 직원들에게 정성을 들이라고 강조하고 있습니다.

제가 아들에게 하려고 적어놓은 말 중에 '10원을 소중히 여기는 사람이 부자가 된다'는 내용이 있습니다. 요즘 자신이 버는 돈은 생각하지 않고 비싼 차, 비싼 술 사먹는 사람이 많습니다. 돈을 아무리 많이 버는 사람이라도 안 쓰는 사람한테는 지게 되어 있습니다. 저는 10원이 아니라 1원을 가지고도 벌벌 떱니다. 여러분은 10원이 떨어져 있어도 줍지 않을 겁니다. 제가 자동차 부품을 2억 개 만들어서 파는데 개당 1원을 더 받으면 2억을 더 받게 됩니다. 그러니 10원을 깎자고 하면 20억이 날아가기 때문에 뒤집어집니다. 물론 기계를 구매하는 데 20억 정도 투자를 하고, 재작년에는 200억 정도 투자하기도 하지만, 작은 돈도 소중히 여기고 정성을 다하는 사람이 성공하고 부자가 될 수 있습니다. 살면서 운에 영향을 받기도 하지만 너무 운에 매달리지 말고 작은 것에도 최선을 다해야 합니다.

나를 위한 행복

우리가 간과해서는 안 되는 것이 출세를 하고 돈을 버는 것도 좋지만 더 중요한 것은 행복해야 된다는 것입니다. 행복이라는 단어에 대해서는 다 알고 있지만, 당장의 돈의 중요함 때문에 행복이 더 중요하다는 것을 잊기도 합니다. 행복에는 건강해야 되고, 돈도 있어야 하고, 주위에 여러 사람들이 있어야 하는 여러 가지 조건이 있습니다. 그런데 남한테 보이기 위해서 실속 없이 지내다 보면 자신의 인생을 허비하게 되기도 합니다.

저는 남한테 잘 보이려고 하지 말고, 자기 자신에게 잘 보여야 한다고 생각합니다. 참 어려운 일입니다. 행복이라는 것은 지나가는 사람들한테 잘 보이는 것이 아니라, 스스로에게 잘 보이는 것입니다. 해가 진 다음, 죽을 때가 되고 죽어서야 진짜 잘 산 것을 알 수 있습니다. 어두워지고 깜깜해져야 빛나는 별처럼 우리가 살 때는 잘 몰랐지만 죽어서 '이 사람, 참 잘 살았다' 생각할 수 있도록 남들이 지금 몰라줘도 여러분 스스로가 행복한 삶을 추구하기 바랍니다.

또한, 고통이라는 것이 여러분들을 아프게 하지만 때로는 선물도 줍니다. 그러니까 어떤 시련이나 고통도 두려워하지 말라고 강조하고 싶습니다. 하늘이 여러분들을 도와서 위대한 사람으로 살다가 가는 멋있는 인생이 되었으면 하는 마음을 강조하면서 마치겠습니다.

Q 시를 언제부터 쓰신 건지, 그리고 기업가라는 직업과 시인이라는 직업은 어떤 의미인지 궁금합니다.

A 시를 정해놓고 쓴 것은 아닌데 고등학교 때 썼습니다. 초등학교 때도 학교에서 시키니까 썼는데 기억도 안 나고, 고등학교 때도 쓰고 군대에 있을 때도 썼던 것 같습니다. 제가 어렸을 때부터 고생을 많이 하고 그런 감정들을 표현하지 못하고 있었는데 사업상 안정이 되니 속에 숨어 있는 것이 튀어나와서 노래도 쓰고 시도 쓰게 되었습니다. 거래처에도 제가 쓴 시를 좋아하는 사람이 있어서 크지는 않지만 사업에 도움이 되기도 합니다.

강연 후기

우선 이번 강연 중에서 인상적이었던 부분은 늦게 성공하기를 바라야 한다는 대표님의 말씀이었다. 나의 경우에는 남들보다 늦고 나이도 많은 탓에 조금이라도 빨리 성공하려고 조급함도 많이 느끼고 압박도 많이 받아 성급하게 행동하기 쉬웠는데, 대표님은 사실 늦게 성공하는 것이 좋다고 하셨다. 왜냐하면 일찍 성공했을 때 오만해지기 쉽고 더 이상의 발전을 하지 않고 멈추기도 쉽기 때문이다. 그렇게 생각해보니 내가 남들보다 늦게 된 것도 나쁜 점만 있지는 않다는 것을 깨달았다. 내가 성공한다면 자연스럽게 늦게 성공하게 되어 일찍 성공할 걱정을 할 필요가 없기 때문이다. 그래서 늦게 성공하게 된다면 자만하거나 발전을 멈추는 일 없이 계속해서 자신을 갈고 닦으며 나아갈 수 있게 될 것이다. 또 대표님은 치열한 경쟁을 해야 한다고 말씀해주셨다. 창업을 하게 되면 시장에서 선택받아야 하는 만큼 경쟁자들과 치열하게 경쟁해야 하는 것은 당연한 일이다. 하지만 대표님의 말씀을 듣고 그런 치열한 창업의 과정을 내가 과연 진지하게 생각하고 있었는지를 다시 생각해보게 되었다. 그리고 내가 이미 하고 있는 다른 경쟁들부터 치열하게 해야겠다는 생각을 하게 되었다. 그래야지만 앞으로 창업을 하더라도 경쟁에서 살아남을 수 있는 힘이 길러질 것이다.

또 대표님은 최소양분율의 법칙에 대해서 설명해주셨다. 최소양분율의 법칙이란 가장 적은 요소, 가장 부족한 요소가 그것의 성질을 결정한다는 것이다. 즉, 요소들의 평균이 아니라 요소들 중 가장 적은 요소가 중요하다는 것이다. 다시 말하자면 어떤 부분이 빠져 있다면 나머지가 다 잘 되어 있더라도 소용이 없다는 말이었다. 이 말은 전에 들었던 사슬의 가장 약한 부분이 그 사슬의 강도라는 말을 떠올리게 했다. 그래서 중요한 것은 가장 부족한 부분을 키워야 한다고 말씀해주셨다. 돌이켜보면 나도 강점만 키우고 싶어 하고 약한 부분은 무시하고 싶어 하는데, 그 약한 부분 때문에 나중에 무너지기 쉬울 것이고 그런 점을 대표님이 경고하셨다는 생각이 들었다. 예를 들어 창업을 하는 데 개발 능력과 경영 능력이 필요하다고 가정하면, 나는 개발 능력만 키우고 그것만으로 다른 상황들을 모두 해결하고 싶었는데 정작 나에게 약한 능력인 경영 능력 때문에 위기에 처할 수 있는 것이다. 그래서 나에게 부족하고 없는 부분이라도 채워야겠다고 생각했다. 그 과정은 특히나 어렵고 힘들겠지만 그만큼의 가치가 있을 것이므로 앞으로는 나에게 없거나 부족한 능력이라도 소홀히 하지 말아야겠다고 다짐했다.

그리고 대표님은 행복이란 지나가는 사람에게 잘 보이는 게 아니라 나 자신, 가까운 사람에게 잘 보이는 것에서 온다고 말씀해주셨다. 그 말씀을 듣고 내가 지금까지 얼마나 지나가는 사람에게 신경을 썼는지 돌아보게 되었다. 대표님 말씀대로 그저 지나가는 사람의 시선이나 생각은 나에게 의미가 적은데도 지금까지 그들의 시선과 생각을 지나치게 신경 썼다는 생각이 들어 반성하게 되었다. 중요한 것은 나에게 가까운 사람의 생각이고, 더 나아가서 나 자신의 생각일 것이다. 그렇기에 내가 행복하기 위해서는 가까운 사람과 나 자신의 시선과 생각에 신경 써야 한다는 것을 깨달았다. 이번 강연에서 대표님이 해주신 여러 조언들은 내가 나중에 창업을 하게 된다면 큰 도움이 될 것이다.

수학과 **양 성 호**

SQ엔지니어링(주) 대표 **이래철**

회 사 명 SQ엔지니어링(주)

회사소개 건설공사의 안전 및 품질관리와 건설재해예방 및 부실공사 방지 기술 선도 기업

설립연월 1995년 10월

사업분야 안전기술 진단, 건설안전관리, 건설신기술 및 특허 개발

매 출 액 227억(2019년)

직 원 수 155명(2020년)

기업가적 리더십 키워드

전문가, 자부심, 도전, 열정

SQ엔지니어링(주) 대표
이 래 철

나, 대한민국, 그리고 여러분

저보다 많은 분야에서 활동하고 더 성공하고 더 필요한 분들이 많은데, 제가 이런 자리에 오게 되서 개인적으로 큰 영광으로 생각하고 있습니다. 제가 살아온 것, 또 앞으로 살아갈 것에 대한 이야기로 편하게 시작할까 합니다. 저는 'SQ엔지니어링'의 대표를 맡고 있고, SQ엔지니어링의 S는 Safety(안전)의 약자, Q는 Quality(품질)의 약자입니다. 지난날 성수대교, 삼풍백화점이 붕괴되고 나서 국민의 안전에 대한 관심이 높아졌습니다. 헌법 제10조에도 나와 있듯이 안전이 최고이고 국민의 삶에도 안전은 큰 영향을 줍니다. 안전에는 많은 종류가 있는데 그 중에서 저는 건설안전, 시설안전 분야에서 SQ라는 이름을 가진 기업의 대표를 맡고 있습니다. 이외에도 건설방재 업무와 한국재난정보학회

회장을 맡고 있습니다. 명함은 심플하고 깔끔한 게 좋은데 활동을 하다 보니까 많은 직책을 가지게 되었습니다. 특히 대한민국 안전 쪽으로 신지식인이 되어 장영실과학문화 대상을 받았고, 엔지니어 기술사 4개 분야의 공학박사 학위도 받았습니다. 무엇보다도 제가 건설, 안전, 재난 쪽에서 활동하고 있다는 것에 대해 큰 자부심을 갖고 있습니다.

교사, 노점상, 신문배달, 중산층, 자유여행가, 1남 1녀의 아버지 중 저에게 해당되지 않는 항목이 하나 있습니다. 저는 중산층이 아닙니다. 고산층이라고 말씀드릴 수 있는데 먹고살 만한 수준입니다. 하지만 저도 한때는 정말 어려운 시기를 보냈습니다. 희망과 꿈 없이 힘들게 살았습니다. 아무것도 없는 상태에서 이것저것 안 해본 것이 없고, 힘든 일도 많이 했습니다. 몸이 약해 폐결핵을 앓았고 건강해지려고 운동도 열심히 해왔습니다. 저는 배문고등학교 야간을 나왔는데 그 당시 등록금이 없어 고등학교를 갈 수가 없었습니다. 지금은 불가능하지만 그때는 개학하고 나서 학생 수가 미달이니 오라고 해서 운 좋게 야간 고등학교를 나왔습니다. 또, 학교에서 열심히 공부하여 대학교를 졸업할 수 있었습니다. 아무것도 없는 상태에서 지금 이 모습이 된 제 자신이 조금은 자랑스럽습니다. 제가 한 업무에서 25년이 되었고, 또 나름대로 안전, 재난 분야에 최선을 다하고 있다는 것이 뿌듯합니다. 콜라 하면 코카콜라, 안전 · 재난 하면 SQ라고 떠올릴 수 있는, Safety Ecology 같은 목적을 가지고 열심히 살고 있습니다. 말 그대로 저는 안전하는 사람입니다.

자유여행가

또 하나를 내세우자면, 저는 자유여행가입니다. 현재까지 100여 개국 이상 많은 곳을 다녔는데 80% 정도는 일하면서, 20% 정도는 여행으로 5대양 6대주를 모두 다녀왔습니다. 코로나 때문에 어려운 상황이지만 지금까지는 해외로 눈을 돌려 열심히 활동을 해왔습니다. 헬렌켈러는 두 눈이 보이지 않아도 매일 행복하다고 했지만, 나폴레옹은 평생 행복한 시간이 단 6일밖에 되지 않는다고 했습니다. 행복이라는 것은 스스로가 생각하고 어떻게 개척해 나가느냐, 미래를 어떻게 보느냐에 따라 달라진다고 봅니다. 저에게 꿈이 있다면 앞으로 1년에 15개국씩 한 십여 년간 다녀서 UN 가입국가 195개국을 다 다녀보겠다는 것입니다. 다양한 나라에 다니면서 많이 배우고 느끼고 있고, 앞에서도 이미 언급했듯이 제 꿈이 자유여행가입니다. 저는 Safety Specialist 안전전문가이고 인명사전에도 안전전문가로 등재되어 있습니다만, 안전 분야에 종사하는 사람으로서 안전과 행복은 사촌쯤이고, 안전은 삶에 있어 가장 기본적인 부분이기 때문에 열심히 활동하고 있습니다. 특히 제가 하고 있는 시설물안전진단은 최고라고 자부할 수 있는데 청계천고가, 아현고가, 고속도로, 철도, 댐, 항만, 지하철, 건축물, 건축물 중에서는 롯데타워, 인천국제공항, KBS 등을 해왔습니다. 해외에서도 시설물 관련 보수, 보강 문제가 발생했을 때 대한민국 SQ엔지니어링이 No.1이라고 요청을 많이 합니다. 올해만 해도 코로나 때문에 못 갔다고 하는데 저는 베트남 등 대략 십여 개국을 올해 초반에 다녀왔습니다. 지금까지 제가 아프리카 케냐, 볼리비아, 우유니 사막, 세계 3대 폭포, 3대호수 등을 다니면서 보고 느낀 경험이 자랑스럽습니다. 여러분들도 갈 수 있을 때 가고, 볼 수 있을 때 직접 많이 느끼고, 배워야 됩니다. 작년 3월에 쿠웨이트에 가서 안전 점검을 했는데, 대개 쿠웨이트 하면 덥다고 생각하지만 직접 가보니 추워서 감기에 걸려 굉장히 고생했습니다. 생각하는 것과 다르기 때문에 일반적인 상식을 깨고 경험해 보고 배워야 합니다.

지구는 넓고 시야는 크게

세계는, 지구는 넓습니다. 그래서 큰 시야를 가져야 하는 겁니다. 만약 김밥을 팔겠다고 했을 때, 한 줄에 2천원이라고 합시다. 진짜 열심히 만들어 서울에서 부산까지 거리를 나열할 정도로 많이 만들어서 파는 겁니다. 서울–부산 간 평균거리를 계산해보면 400km이니 김밥 하나의 길이를 20cm라고 하면 200만 개입니다. 200만 개를 2천원으로 계산해보면 40억인데, 재료값, 밥값, 임대료, 관리비 등을 제외해야 합니다. 무엇보다 200만 개를 만드는 데 걸리는 시간과 에너지가 필요하니 큰 부를 창출하는 데는 어려움이 존재합니다. 큰 것을 하고, 큰 시야를 가져야 됩니다. 큰 미래를 가지고 부가가치가 창출되는 일을 해야 된다는 것입니다. 요즘 우리나라는 노동인력이 부족해서 외국인 노동자들이 우리나라에 들어오고 있습니다. 특히 건설현장에는 외국인 노동자가 많은데 미얀마, 베트남, 몽골 등 여러 나라에서 외국인 노동자들이 들어오고 있고 업무 환경이 굉장히 넓어지고 있기 때문에 좀 더 크게 생각하고 크게 봐야 합니다. 각 나라별로 분야마다 다양성을 가지고 먼 미래, 비전을 보고 조나단의 갈매기처럼 높은 데에서 본 시야를 가져야 미래를 향해 갈 수 있다는 것입니다.

각 전문 분야는 각각의 전문가가 맡아야 합니다. 약은 약사에게, 처방은 의사에게 맡겨야 되고, 안전은 안전 전문가에게 맡겨야 되는 겁니다. 그럼에도 불구하고 대부분의 사람들은 일반적으로 토목이나 건축 그리고 건설 분야에 대해 그냥 동네 아저씨가 하는 일이라고 생각하는 경우도 있는데 실제로는 쉽지 않습니다. 토목이나 건축 분야는 수학적인 메커니즘에서 시작해서 공학적인 계측, 컴퓨터, 사이언스까지 필요하다는 것을 잘 모르는 겁니다. 저는 십여 년 전부터 두바이에 갔었고, 1년에 한 번씩은 두바이에 가려고 마음을 먹었는데 실제로 거의 열 번 넘게 두바이를 다녀왔습니다. 왜 두바이를 가려고 마음먹었느냐면 두바이를 가야만 세상을 보는 시야가 넓어지겠다고 생각했기 때문입니다. 모래 말고는 아무것도 없는 황량한 사막을 개발해서 도시로 만든 것을 보면서 큰 변화를 만들어 내는 것이 대단하다고 생각했습니다.

두바이뿐만 아니라 중동 지역, 아프리카 지역, 유럽 등 각 나라마다 특성이 굉장히 다르고 시야도 너무 다르다는 것을 세계 여러 지역에서 안전 전문가로 일하면서 느껴왔습니다.

안전 전문가

SQ엔지니어링은 안전 분야를 전문으로 하는 회사입니다. 저희 회사 그리고 저는 안전을 하는 사람으로 해당 분야의 주체로서 정말 중요한 역할을 하고 있습니다, 삼풍백화점과 성수대교가 무너지고 나서 안전과 품질에 대한 관심이 커졌고 단순히 토목이 아니라 안전을 진단하고 관리하는 주체로서 시설물 전담 주치의 역할이라고 볼 수 있습니다. 안전과 품질도 생각 및 관점에 따라 다르게 여겨질 수 있습니다. SQ엔지니어링은 안전과 품질을 잘 관리하고 유지할 수 있도록 시스템을 만들어 지원하는 역할을 하고 있습니다. 안전, 품질, 건설방재 업무 등을 수행하고 있고, 최근 AI 분야 학회에서도 활동하고 있으며, 안전 분야에 드론을 활용하는 활동도 하고 있습니다. 구성원 260여 명이 같이 일하고 있는데, 국내 최초로 해외 안전 진단을 시행했고, 사회가 고도화됨에 따라 굉장히 복잡한 구조로 이루어지는데 이런 것들을 정밀하고 정확하게 체크하고 테스트하는 일을 진행하고 있습니다. 또한 댐, 항만, 지하철 등 수많은 구조물의 안전 관련 업무를 진행했습니다.

돈이 많다고 해서, 뛰어난 능력이 있고 힘이 있다고 해서 누구나 독도에서 15일 살고 올 수는 없을 겁니다. 제가 가장 자랑스러운 것은 독도, 이어도 등 대한민국 동서남북을 다 다녀봤다는 것입니다. 아무나 갈 수 없는 곳이지만 제가 가서 조사를 했습니다. 제 본적이 경상북도 울릉군 독도리 산1번지입니다. 독도라는 말을 듣기만 해도 가슴이 울렁거리고 얼마나 가고 싶은지 모릅니다. 독도에 헬기나 배를 타고 오가면서 거기에 계신 여러 경찰 분들과 같이 족구하며 지낸 시간들이 너무나 행복했습니다. 이어도에서 수행한 작업은 물속에서도 높낮이가 각각 다른데 이것을 측량해서 5m 단위로 나눠 수심 측량 데이터를 구축했습니다. 지금 이어도는 무인도라 사람은 살지 않습니다. 하지만 모든 정보를 자동으로 받아서 기상청에 보내기 때문에 중요도가 매우 높습니다. 대한민국에서 15일 동안 독도에 있었던 사람은 아마 0.001%도 안 될 것이고, 이어도에 갔다 온 사람 역시 0.0001%도 안 될 겁니다. 다른 곳은 어디든지 갈 수 있겠지만 일하면서 일반 사람들이 가기 어려운 곳을 다니면서 여행도 함께 할 수 있는 힘을 갖고 있는 직업이라 더 자부심이 있습니다. 만약 저에게 성공했느냐고 묻는다면 지금 열심히 뛰고 있는 중이라고 하겠습니다. 하나의 여행이라고 생각하고 끝까지 가고 있습니다. 아직 달리는 중이기 때문에 지금의 성공을 평가해서는 안 됩니다. 저는 만족하고 있고 또 여기저기 다닐 수 있는 기회를 갖고 있다는 것에 큰 자부심을 느끼고 열심히 노력하고 있습니다.

실패 박물관

여러 나라를 다니면서 미국의 여러 도시에도 가 봤는데, 그중 미시간주(Michigan)에 갈 일이 있어서 방문하게 되었습니다. 미시간에 '실패 박물관'이라는 곳을 가보고 싶어서 혼자 차를 렌트해서 갔는데 아무리 찾아도 찾을 수가 없었습니다. 인터넷에는 나오는데 이상하다 싶어 다른 일을 먼저 처리한 후 실패 박물관을 다시 찾아갔습니다. 그런데 해당 주소로 찾아갔더니 실패 박물관이라고 쓰여 있는 게 아니라 'New Product Works'라고 쓰여 있었습니다. 'New Product Works, 여기가 실패 박물관인가? 새로운 물건 만드는 일이 실패 박물관이라니 이상하다'고 생각했습니다. 그래도 한국에서 갔는데 그냥 돌아올 수 없어서 사무실에 불 켜진 곳이 보여 문을 두드렸습니다. 그랬더니 연구원이 나와 왜 그러냐고 묻기에 실패 박물관을 찾으러 멀리에서 왔고 위치는 여기가 맞는데 없어서 문을 두드렸다고 했습니다. 그는 얘기를 듣더니 이곳은 미리 예약을 하지 않으면 방문할 수 없는 곳이라고 알려주었습니다. 그래도 한국에서 왔다고 하니까 볼 수 있게 해주었는데 박물관에는 30만 개가량의 세계 모든 상품들 중에 실패한 것들만 전시되어 있었습니다. 수많은 상품 중에 성공한 상품이 아닌 실패한 상품, 예컨대 북한에서 만든 라면, 코카콜라에서 만든 하얀 코카콜라 등 전부 실패한 것들만 있었습니다. 다른 곳에서도 많이 배우겠지만 기업에서 성공하고 미래를 보기 위해서는 실패 박물관에 한 번 가보라고 여러분께 추천하고 싶습니다. 누구든 지속적으로 성공만 할 수는 없습니다. 저도 수없이 실수하고 실패했고 성공은 아주 작았습니다. 그러면서 지금까지 온 겁니다.

열정(Passion)이라는 단어는 "힘들다, 고통받는다"는 단어에서 유래했습니다. 열정적이면서 힘든, 고통이 있어야만 Passion이 이루어지는 겁니다. 일본의 어느 시에는 "불행하다고 한숨 쉬지 마. 햇살과 산들바람은 한쪽 편만 들지 않아. 꿈은 평등하게 꿀 수 있는 거야. 나도 괴로운 일 많았지만 살아있어 좋았어. 너도 약해지지 마"라는 내용이 있습니다. 사람이 살다 보면 좋을 때도 있고 나쁠 때도 있기 마련입니다. 어렵고 힘든 상황도 있지만 분명히 햇살과 산들바람 같은 기회도 주어질 것입니다. 인생이라는 것이 불확실하기도 하지만 빌게이츠의 말처럼 '아침마다 반드시 행운이 올 것이고, 모든 것이 잘될 것이다'라고 강조하고 싶습니다. 모든 부분에 있어서 긍정적인 생각을 가지고 세상을 살아간다면 충분히 잘될 것이라 생각합니다. 마지막으로 꼭 하고 싶은 말은 정말 사랑하는 사람을 찾듯이 사랑하는 일을 찾아서 여러분들이 크게 성공하기를 바란다는 것입니다.

Q 가지고 있는 습관이 있다면 무엇인가요?

A 늦게까지 일하는 습관, 매일 포스트잇에 해야 할 일을 적고 체크하는 것이 습관입니다.

Q 사업 분야가 그 당시에는 생소했을 텐데 어떻게 기회를 포착했나요?

A 시설물 안전에 대해서 전문가가 있어야 할 것 같은데 잘할 수 있을 것 같았습니다. 그 당시 해당 분야에 업체가 20개 미만이어서 블루오션이라고 생각하여 시작하게 되었습니다.

강연 후기

이래철 대표님의 생애는 처음부터 순탄하지 않으셨다고 한다. 그러나 그것을 바탕으로 목표를 위해 더 열심히 노력하고자 하셨다. 미국에 있을 때 '실패 박물관'이란 곳을 우연히 알게 되어 방문할 수 있었던 일화를 들려주셨는데, 그 일화를 통해 성공의 길에 있는 수많은 실패를 대하는 대표님의 자세를 엿볼 수 있었다. 실패가 두려울 수는 있지만, 중요한 것은 피하지 않고 함께 끌어안고 가는 것이었다. 내가 따르는 길의 과정 중 일부로 삼아 실패를 기록하고, 그것을 통해 무엇을 새로 알게 되었고 어떻게 해결할 수 있을지 생각해 보는 시간을 가지는 것이 꼭 필요하다고 느꼈다.

강연을 듣는 동안 이래철 대표님은 긍정의 에너지가 많은 분이란 생각이 들었다. 직업적인 것 외에 자유여행을 즐기시고 글쓰기를 하는 등 본인이 좋아하시는 일을 꾸준히 하면서 내재된 에너지가 아닐까 추측해본다. 다양하고 많은 사람들을 상대해야 하는 기업인으로서, 자신이 지속적으로 할 수 있는 취미 활동을 찾아서 하는 것 또한 장기적으로 보았을 때 기업을 성장시키고, 자신 또한 성장시키는 일이라고 느꼈다.

대표님이 실패 속에서도 끊임없는 열정을 느끼는 원천은 무엇인지 여쭤보았다. 본인이 하는 일이 가진 목적이 나, 혹은 우리, 혹은 대한민국을 위한 일이기 때문이라고 답해주셨다. '왜 하는가, 무엇을 위해 하는가'에 대한 고민을 통해 그 답을 찾으셨다는 대답을 통해 현재 졸업을 앞두고 있는 상황에서 내가 하는 일의 궁극적인 목적이 무엇인지, 어떤 목적을 가지고 일을 하고 싶은지 진지하게 스스로에게 물어보고 글로 적어 정리해보는 시간의 필요성을 느꼈다.

강연을 통해 당장 실천하고자 한 것은 대표님처럼 생각의 기록을 어딘가에 매일 남기는 것이다. 생각을 적고 정리하는 작업은 계획을 세우는 일과도 비슷하고, 이를 통해 진로 계획을 구체적으로 세워나가고자 한다. 이래철 대표님의 긍정적인 모습과 도전정신은 미래의 창업가로서, 또는 사회초년생으로서 본받고 싶은 좋은 자극이 되었다.

건축학부 **박 세 현**

송암시스콤(주) 대표 **이해규**

회 사 명 송암시스콤(주)

회사소개 전력전자와 통신전문회사로서 폭넓은 경험과 축적된 노하우를 토대로 최상의 서비스를 제공한다는 기업목표 아래 첨단기술 및 정보화 사회로 급변하는 시대적 요구에 부응하고자 초고속 정보통신과 멀티미디어인프라 구축에 기여하고 있음

설립연월 1991년 2월

사업분야 디지털전송장치, 지능형다중화장치, 계통정보감시장치, 전력용변환기 제조,도매 / 통신공사 / 소프트웨어 개발 등 유선 통신장비 제조업

매 출 액 347억(2019년)

직 원 수 67명(2019년)

기업가적 리더십 키워드

신뢰, 성실, 경제적 가치, 차별화

송암시스콤(주) 대표
이 해 규

사업을 만드는 절박함

누구나 돈을 벌고 싶고 잘 살고 싶어 합니다. 옛날에는 열심히 하면 돈이 따라왔는데 지금은 어림도 없는 시대가 왔습니다. 세상이 투명해지니까 요즘에는 돈은 돈이고 권력은 권력이고 명예는 명예인데, 권력 있는 사람이 돈을 좋아하다가 구속되는 것도 많이 봤을 겁니다. 돈 때문에 자식 교육에도 상당히 많이 차이가 날 수 있고 그래서 사람들은 돈, 돈, 돈 합니다. 돈으로 바꿀 수 있는 것들이 많습니다. 그런데 이런 돈을 합법적으로 추구하고 벌 수 있는 방법이 창업입니다. 그런데 왜 사람들이 창업을 하지 않는가에 대해 생각해보면 망할까 봐, 실패할까 봐 두려워서 못 하는 경우가 많다는 것입니다.

저도 어렸을 때 굉장히 가난했습니다. 리어카에 사과를 떼다가 팔기도 했고, 대학생 때는 근로장학생으로 일하면서 공부했습니다. 그때부터 돈을 버는 것이 꿈이었고 무조건 장사를 해야 한다고 생각했습니다. 창업을 누가 하느냐면 절박한 사람이 하는 것입니다. 요즘에는 취업을 할 때 여러 가지 준비가 필요하고 스펙을 쌓아야 합격할 수 있다고 합니다. 하지만 내 사업을 한다고 하면 개인사업자의 경우 가까운 세무서에 가서 사업자등록증을 신청하기만 하면 시작할 수 있습니다. 사장은 누구나 할 수 있습니다. 사업은 누구나 시작할 수 있지만 결과는 각자 어떻게 노력하느냐에 따라 달라질 수 있습니다. 절박하지 않으면 성공하기 어렵습니다. 절박하면 창피할 것도 없고 힘든 것도 없이 간 팔고 쓸개 빼서 열심히 팔아야 합니다. 저에게 '당신 뭐 해서 돈을 그렇게 많이 벌었냐?'고 묻는다면 간이랑 쓸개 팔아서 이렇게 벌었다고 답할 수 있겠습니다. 회사가 성장해서 어느 정도의 규모가 된다면 괜찮겠지만 창업 초기의 기업 가치는 창업가의 간과 쓸개를 판 결과라고 볼 수 있습니다. 그런데 희한하게도 간과 쓸개는 재생이 바로 됩니다. 100% 회복이 아주 튼튼하게 됩니다.

현대그룹의 정주영 회장이 처음에 자동차 수리부터 조그맣게 시작했을 때 나중에 자동차회사도 만들고 세계 1위로 가는 조선소를 만들 것이라고 생각하지 못했을 것입니다. 삼성그룹의 이병철 회장이 처음에 제일모직으로 시작했을 때 반도체와 이동통신기계로 세계를 제패할 것이라는 사실은 본인도 몰랐을 겁니다. 제가 박용만 두산 회장과 아주 친밀한 관계인데 외국에서 기업인 회의가 있거나 하면 같이 다니곤 했습니다. 박용만 회장이 저에게 어떻게 창업했냐고 물어봐서 제가 만일 검사, 판사, 의사, 변호사를 할 수 있거나 아버지가 빌딩을 물려줬다면 사업을 했겠냐고 대답했습니다. 저는 누가 물려준 것도 없고 아무것도 없기 때문에 덤벼들 수밖에 없었다는 얘기를 나눈 적이 있습니다. 박용만 회장은 기업을 물려받은 케이스이지만 대단한 분입니다. 박용만 회장의 할아버지인 박승직 씨는 두산이라는 기업을 일구신 분인데 자손들에게 어마어마한 영향을 줘서 굉장히 존경한다고 했습니다. 그 옛날에 어떻게 회사를 만들었을지 할아버지가 하루에 여러 나라를 돌아다니면서 사업을 했던 코스를 그대로 따라해 봤더니 3분의 1도 못 따라했는데 도저히 힘들어서 못 하겠더라는 겁니다. 그는 할아버지가 엄청난 일을 하고 넘겨주셨다는 것에 굉장히 감사해했습니다.

부지런한 창업가

저는 창업하기 전 직장생활을 조금 했었습니다. 만약 제가 창업을 염두에 두고 관둘 것을 생각해서 회사를 대충 다녔다면 창업해서 자리잡기 어려웠을 것입니다. 사람들은 제가 어떻게 하는지 다 알고 다 보고 있습니다. 제가 열심히 했다면 나가서 회사를 차린다고 할 때 도와줍니다. '굉장히 열심히 하고 정직해서 사장인 줄 알았는데 직원이었구나'라고 하면서 사람들이, 사회가 여러분을 평가하고 있다는 것입니다. 그렇기 때문에 창업하기 이전에 정말 잘 해야 하고 이 세상을 성실하게 살아가야 합니다. 법과 제도에 따라 움직이는 사람들은 실력이 좋으면 되지만, 기업가는 실력 외에도 신뢰, 정직, 성실, 근면 등 인성이 반드시 갖추어져야만 사회에 나와서 도움을 받을 수 있습니다. 그래서 처음에 두부 장사로 시작했어도 세계적인 식품 회사가 되는 것입니다. 자기가 다 하는 것이 아니고 주변에서 도와주는 겁니다. 하지만 아무나 도와주는 것이 아니라 인성이 갖추어진 믿을 만한 사람, 정직한 사람, 열심히 하는 사람을 도와줍니다. 정주영 회장 같은 경우 초등학교도 못 나온 사람인데 기라성 같은 인재들이 와서 같이 회사를 만들어 갔습니다. 정주영 회장이 판단력, 조직 장악력, 인간관계를 잘 만들어 가면 각각의 전문가들이 각자의 일을 수행해갑니다. 전문가들이 도와줄 수 있게 하는 이유는 정직한 사람, 성실한 사람이기 때문입니다. 창업을 하고 싶은 사람은 무조건 성실하고 근면해야 하고 그것이 사업의 첫째 조건입니다. 기술, 돈, 좋은 조건, 백그라운드만으로 창업하면 절대 안 됩니다. 스스로의 끈기와 노력과 판단력과 지혜로 끌고 나가야 합니다. 회사를 다니면서 기술을 모두 알아내서 창업한다고 해도 무조건 창업이 성공한다고 할 수 없습니다. 기술이라는 것은 변하기 때문에 필요성이 떨어질 수도 있고, 자신이 쉽게 습득할 수 있다면 다른 사람도 쉽게 습득할 수 있는 정보인 만큼 경쟁자 때문에 성공을 담보

할 수 없습니다. 저희 회사가 최근에 대한민국 최초로 기술을 개발해서 시범사업에 들어가는 것이 있는데, 저는 공대 출신이 아니고 기술에 대해서 아는 것도 없으니 저 혼자 할 수 없습니다. 다 직원들이 도와주는 것이고, 해당 분야의 전문업체들이 도와줍니다. 전직 회사에서 어떤 기술을 가지고 왔다고 해도 그것보다 중요한 것은 신용입니다. 창업을 해서 사업을 시작하지만 살아남는 사람이 이기는 것이고 살아남기 위해서는 주변의 많은 도움이 필요합니다. 이런 도움은 아무나 받을 수 있는 것이 아니라 신용이 있는 사람만이 받을 수 있습니다.

'무엇을'보다는 '어떻게'

무슨 아이템은 무조건 돈을 벌 수 있고, 어떤 아이템은 무조건 망하는 경우는 거의 없습니다. 무슨 아이템을 하느냐보다는 어떻게 하느냐에 달려있습니다. 다른 사람과 어떻게 차별화시키느냐에 따라 누구는 돈을 벌고 누구는 망할 수 있게 됩니다. 설렁탕 가게를 한다고 가정하면 굉장히 유명한 맛집도 있을 것이고, 깍두기 국물이 맛이 없어서 망하거나, 손님한테 친절하지 않아서 망하는 곳도 있을 겁니다. 물론 업종의 특성이나 아이템 하나로 승부를 걸 수도 있지만 세상은 빠르게 변합니다. 아이템이 정체되어 있으면 경쟁업체에서 다 따라합니다. 주변에서 우리 회사를 어떻게 열심히 도와주느냐에 승부가 달려 있습니다.

또한, 세계의 흐름이 어떻게 변하는지 잘 봐야 합니다. 혼자만 정체

되어 있으면 안 되고, 세상이 어떻게 변하는지 항상 살피고, 기업가는 두려워하지 말고 진검승부를 해야 합니다. 기업가는 성공하든, 실패하든 자기의 자유가 보장되어 있어서 자기가 번 돈을 마음대로 쓸 수 있습니다. 이왕 번 돈을 쓸 거라면 필요한 누구에게도 줄 수 있는, 베푸는 가치도 필요합니다. 기업을 창업하는 데 있어서 실패의 두려움의 없애는 방법 중 하나는 성공한 기업가가 되려는 것에 초점을 맞추기보다 실패한 기업가가 되지 않게 노력하는 것도 방법입니다. 욕심을 버리라고 조언하고 싶습니다. 저도 이 자리까지 오는 동안 여러 차례 실패할 뻔한 위기가 있었습니다. 회사가 코스닥에 상장하지 않은 것도 잘한 일이고, 라오스에 투자할 상황이 있었는데 투자를 안 한 것도 잘한 일이라고 생각합니다. 욕심을 버리고 각자의 상황과 능력에 맞게 하는 것이 좋습니다. 작년에 매출이 100억이었는데 올해 70억으로 줄었다고 해서 누가 뭐라고 하지 않기 때문에 자기 역량에 맞게 서서히 조절하면서 하면 다 할 수 있습니다.

기업은 인재를 선발할 때 영리를 추구하겠다는 데 뜻을 같이 하는 사람을 분명히 원합니다. 그래서 저희는 면접을 볼 때 그 부분을 먼저 확인합니다. 기업은 이 세상에서 대놓고 돈을 추구하는 미래 집단이 되어야 합니다. 선생님이 돈을 밝혀도 안 되고, 경찰이 돈을 밝혀도 안 되고, 기자가 돈을 밝혀도 안 되지만 기업가가 돈을 밝히는 것은 당연합니다. 기업가가 가치를 창출해서 번 돈을 얼마만큼 정직하게 좋은 곳에 썼느냐, 얼마만큼 정직하고 법에 따라서 돈을 버느냐의 문제일 뿐입니다. 여러분들이 돈을 어떻게 벌려고 하느냐와 어떻게 쓰느냐의 관점에서 준비하고 노력하기를 바랍니다.

Q 오랫동안 하루도 빠짐없이 지키는 습관이 있으신가요?

A 다른 사람보다 명상을 많이 합니다. 즉, 멍 때리는 시간이 많습니다. 지금은 어느 정도 숙달됐는데 머릿속에서 항상 생각을 합니다. 무조건 덤벼드는 게 아니라 머릿속에서 가능하게 생각하는 것들을 계속 시뮬레이션을 해봅니다. 그런 것이 다른 사람과 조금 다른 방법이라고 볼 수 있을 겁니다.

Q 신뢰도 중요하고 간절함도 필요하다고 말씀하셨는데 지금 창업을 생각하고 있는 요즘 학생들이 길러야 할 역량이나 필요한 능력 같은 게 무엇이 있을지 여쭤보고 싶습니다.

A 결국 창업이라고 하면 튀는 아이디어를 생각할 겁니다. 그런데 희귀한 아이템을 선정했다고 잘 되는 건 아닙니다. 오히려 가장 흔히 많이 하는 설렁탕 가게를 차리되 기존 설렁탕 가게보다 차별화된 서비스로 승부를 하는 것처럼 다른 것, 고객이 우리를 찾을 수 있게 하는 것을 선택해야 합니다. 그러기 위해서 돈에 너무 집착하지 말고 주변의 좋은 정보를 얻기 위해서 많은 분들과 교류하기를 추천합니다. 서로 대화를 나누고, 아이디어를 얻고, 또 정보를 얻고, 더 좋은 방법은 찾아가야 합니다. 본인이 하고 싶은 업종에서 6개월이든 1년이든 일을 한번 해보는 겁니다. 바로 창업하는 경우도 있겠지만 관심 있는 업종에 취업을 한다거나 아르바이트를 해서 일단 느끼고 배웠으면 좋겠습니다. 거기에 길이 있을 겁니다.

Q 창업을 하는 데 있어서 절박함이 필요하다고 하셨고 회장님께서는 금전적인 요소로 인한 절박함을 말씀하셨는데, 기업이 안정화되고 매출이 늘어나서 금전적으로 안정됐을 때 어떤 다른 절박함으로 경영을 하셨는지 궁금합니다.

A 창업은 절박함 때문에 합니다. 절박한 가운데 창업을 하고 그 뒤에 어느 정도 안정적으로 기업이 성장하면서 돈을 벌었는데 무슨 동력으로 계속

사업을 하는지 질문했는데, 그때는 조직이 하는 겁니다. 창업은 개인이 하지만 회사는 조직이 구성되면 조직원들이 스스로 행동함으로써 굴러갑니다. 또, 이 사회에 기여하는 것만큼 대우를 받는 측면이 있으니 그런 것들이 동력이 되기도 합니다. 무엇보다 기업가로서 그만두고 싶어도 그만둘 수 없는 것이 이미 패밀리들이 구성되어 있기 때문에 회사 직원들과 직원들 가족도 열심히 더 잘 살아야겠다는 욕망이 동력이 되어 회사를 경영하게 됩니다.

강연 후기

송암시스콤의 이해규 대표이사님의 특강을 들으면서 가장 기억에 남는 내용을 키워드로 나타내면, '사업목적성'과 '인간관계'였다. '무엇을 위해 창업할 것인가. 어떻게 창업할 것인가. 어떤 차별성을 가지고 창업을 할 것인가' 등 목표의식에 대해 고찰하는 시간이 필요하다는 의미로 이해할 수 있었다. 사실 창업, 사업뿐만 아니라 어떠한 일을 하든 그 목표와 계획이 반드시 있어야 하며 그러한 과정을 갖는 시간이 필요한 것을 다시금 깨닫게 되었다. 나의 꿈이 창업이든 그 외에 다른 것이든 지금이라도 다시 나의 꿈이 무엇이고 목표는 무엇인지에 대한 생각과 계획을 세워나가야 한다는 깨달음을 얻게 되었다.

다른 키워드인 '인간관계'는 사실 모든 기업인의 특강 중 반드시 빠짐없이 나오는 핵심 부분이기에 이제는 창업, 사업뿐 아니라 삶에서 얼마나 중요한 부분인지 마음에 새기게 되었다. 이해규 대표님은 신뢰, 근면, 성실, 신용 등 인간관계를 비롯해 자신에 대한 관리를 중요시하셨다. 이러한 내용을 듣고 성공하는 기업가, 정치인 등 '성공한 사람'이라고 일컬어지는 대부분의 사람들은 무엇보다 성실, 근면한 모습이 밑바탕이 되어 주위 사람들에게 신뢰와 신용을 줄 수 있는 능력을 지니게 된 것이라는 나름의 인과관계를 도출해낼 수 있었다.

또한, 창업 투자를 받기 위해 설득해야 하는 상황에 직면했을 때 결국 자신의 '자존심'을 버리고 투자를 받기 위한 설득을 해야 한다고 말씀하셨다. 돈을 빌리고자 하는 사람은 당연히 자존심을 내려놓고 어떠한 방법을 통해서라도 자금을 얻기 위한 설득을 해야 할 것이다. 내가 느낀 바는 앞의 '어떠한 방법'이라는 것에 있다. 살면서 점차 배움이 많아지고 어른으로 나아가며 최소한의 자존심을 지키며 살고 있다. 하지만, 자존심이라는 것이 자칫 살면서 그 상황에서 남들에겐 고집으로 보일 수 있고, 상황에 따라 내 자존심 하나로 창업을 함께하는 동료들에게 어려움을 줄 수 있다는 예상을 할 수 있었다.

결론적으로 이번 강의를 통해 창업, 혹은 내 삶에서 최소한의 자존심을 지키는 것과 별개로 상황에 따른 유연한 대처로서 나의 자존심을 과감히 내려놓을 꿈을 향한, 목표를 향한 정신으로서 배포를 지녀야 한다는 점이 가장 크게 와 닿았고 큰 깨달음을 얻을 수 있었다.

세무학과 **최 관 영**

(주)동해종합기술공사 대표 **정 점 래**

회 사 명 (주)동해종합기술공사

회사소개 다양한 설계업무를 성공적으로 수행하여 최고의 기술력을 집약하여 왔으며, 서비스 정신으로 최선을 다하는 기업, 품질향상과 기술개발을 위하여 노력하는 기업으로서 설계업무의 새로운 'Total Solution'을 제공하고 있음

설립연월 2002년 3월

사업분야 도시환경엔지니어링, 도시계획 연구, 소프트웨어 개발, 공급 ,시장조사, 골프장경영 컨설팅/ITS 판매 등 환경컨설팅 및 관련 엔지니어링 서비스

매 출 액 564억(2019년)

직 원 수 295명(2020년)

기업가적 리더십 키워드

전문성, 변화와 생존, 경험

(주)동해종합기술공사 대표
정 점 래

자신만의 전문 분야

저는 지금도 기술자로서 일하고 있고, 대표로서 회사를 운영하고 있는 정점래라고 합니다. 저는 시골 출신이라 백그라운드가 없지만 회사를 일궈서 지금의 수준까지 이끌어왔고, 설계회사, 건축사무소, 골프장 운영 등의 사업을 하고 있습니다. 제가 창업한 것이 2002년이라 창업한 지 18~19년 되었고 시간이 빠르게 지나갔습니다. 대학교 1학년 때를 생각하면 그때로 돌아가서 살고 싶은 마음도 있습니다. 여러분은 대학생활이 1~2년 정도 남아있을 텐데 남는 시간이 향후 여러분의 진로에 엄청 중요합니다. 대학시절이 없다면 지금의 제가 있을 수 없고, 열심히 노력하고 경험하면서 다양한 분야의 사람들을 접했습니다. 결국 사회에서 성공한 사람들은 다양한 분야의 사람들을 많이 알고 다양한 분야의 경험을 해본 사람. 그리고 무엇보다도 열심히 일하는 사람이라고 할 수 있습니다.

지금부터의 얘기는 창업에 관련된 내용으로 제 나름대로 교훈 삼아서 준비해 봤습니다. 저는 여러분에게 자기 분야를 찾고 전문가가 되었으면 하는데, 특히 기술 분야를 추천하고 싶습니다. 우리가 일반적으로 선택하게 되는 커리어의 방향성을 보면 공무원, 대기업, 기술자를 생각해 볼 수 있는데 그들의 연봉을 대략적으로 비교해 보겠습니다. 신입일 때에는 공무원들이 대략 3천, 엔지니어링이 3천5백, 대기업이 4천만 원 정도 될 것이고, 시간이 지나서 한 10년, 15년 정도 되면 대기업 부장급, 공무원 4급 정도 될 것입니다. 이 시기에는 공무원들의 연봉이 7천, 대기업은 1억~1억 5천만 원 정도 될 것입니다. 엔지니어링 파트너들은 기사 자격증이 있으면 3년이고, 자격증이 없으면 5년 안에 그 기술사 자격을 받을 수 있습니다. 기술사를 따게 되면 연봉이 상승하게 되는데, 특급기술자의 경우 연봉 8천 정도 받게 됩니다. 공무원이나 대기업보다 훨씬 짧은 기간에 전문성이나 연봉 측면에서 큰 성장을 할 수 있는 분야가 기술 관련 분야라고 말씀드릴 수 있습니다. 게다가 대기업은 임원으로 승진하지 못하면 50대에 퇴직하는 경우가 많고, 공무원은 60세 정년퇴직 시기에 일에서 물러나게 됩니다. 하지만 엔지니어링 파트는 실제 근무하는 사람들 중에 50세 넘으신 분들도 많이 있고 나이 제한이 없다는 것이 큰 장점입니다. 자기 분야에서 특출하게 잘하는 분야를 개발하거나 본인이 특허를 냈거나 신기술을 개발하면 엔지니어링 파트들은 언제든지 자기 사업을 할 수 있습니다. 다만 아직 우리나라는 엔지니어링 분야에 종사하는 분들의 대우가 굉장히 좋은 편은 아닙니다. 그렇지만 여러분들이 다른 분야와 협업을 준비하거나 새로운 도전을 해보고 싶다면 엔지니어링 파트는 나이 제한 없이 오랫동안 할 수 있고 창업을 할 수 있는 전문 분야인 만큼 괜찮은 선택이 될 것입니다.

창업할 수 있는 최신 기술

창업은 자신의 관심 분야에 대한 선택과 이에 대한 투자가 필요합니다. 관심 분야는 스스로가 잘할 수 있고 미래의 유망한 분야에 대해서 끊임없이 관심을 가지고 공부를 하는 것입니다. 그다음에 선택은 자기 적성과 잘 맞는 것이 관련됩니다. 시간과 재물은 유한하기 때문에 한정된 시간과 물적자본 및 인적자본 투자라는 과정을 실무라는 큰 경험을 통해서 선택하는 연습을 해야 합니다. 최근의 기술창업 관련 이슈는 IT 분야나 친환경 분야, 미래사업 분야 등이 있고, 정부에서 지원하고

있는 그린 IT 분야도 있고, 스마트폰이나 인터넷 관련 분야는 엄청 발달되어 있습니다. 그리고 게임 사업이나 미디어에 관련된 신기술, 사물네트워크와 관련된 분야로 창업한 사람들은 전문적인 자기 기술을 충분히 활용해서 창업을 하는 경우가 대부분입니다. 친환경기술 분야는 정부에서 지원하고 있는 그린뉴딜로 2021년부터 상당히 많은 예산을 투입해서 육성하는 분야입니다. 전력을 확보하여 수익을 창출하는 태양광이나 풍력 같은 경우에는 땅을 많이 가지고 있는 사람들에게는 기회가 될 수 있는 하나의 사업입니다. 대체에너지 관련 분야로 친환경 수소연료전지 등이 정부에서 지원하고 있는 분야입니다.

그 외에 미디어 분야로 최근 붐이 일고 있는 1인 미디어라든가, 평균수명 증가에 따른 실버바이오사업과 같은 노인이나 장년층을 대상으로 하는 사업구상도 할 수 있을 것입니다. 최근 주가가 올라가고 업계가 활성화되는 장년층에 관련된 명품이나 실버보험, 건강 관련 바이오사업이나 코로나 관련 기업 등 4개 분야에 대해서도 관심을 가져보길 추천합니다.

변화와 생존

대부분의 기업들을 보면 창업을 해서 기업을 만든다는 것은 아주 어려운 일은 아닙니다. 창업가가 관심을 가지고 있는 좋은 기술을 바탕으로 기업을 설립한 후 1, 2년은 잘 될 수 있지만, 거기서 스스로 변화하지 않고 정체되어 있으면 금방 도태됩니다, 좋은 아이템이라고 하면

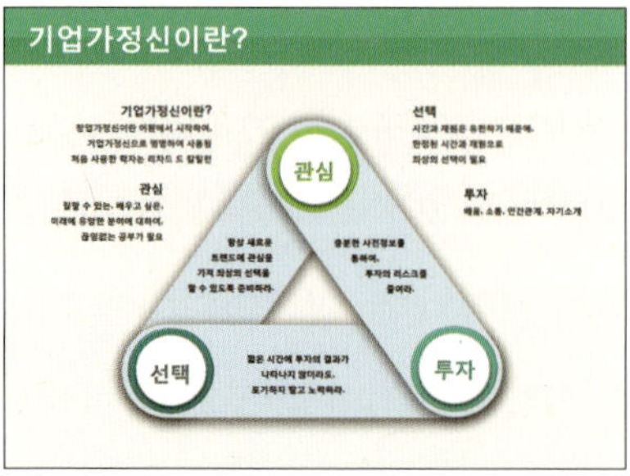

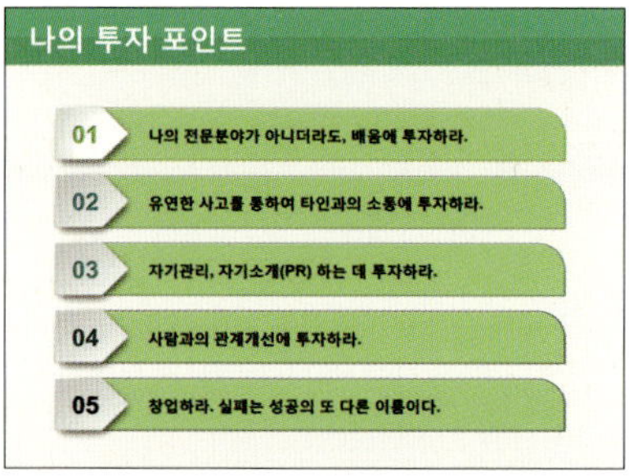

누구든 그것을 쉽게 따라하여 도태되는 경우들이 굉장히 많습니다. 항상 새로운 것을 추구하는 자세가 필요한데 저희 회사 같은 경우 세종시와 스마트시티 설계를 하고 있습니다. 스마트시티에도 여러 가지가 있는데 스마트SOC, 스마트의료, 스마트방제 등 도시를 첨단방식으로 설계하는 방향으로 회사를 변화시키고 생존하기 위해 많은 노력을 기울이고 있습니다. 그리고 쓰레기 소각 관련 사업이나 하수도 운영 사업 등도 하고 있고, 환경플랜트 분야의 설계 및 시공 사업과 태양광, 풍력, 신재생에너지 분야 등을 열심히 운영하고 있습니다. 특히 풍력 분야에 투자를 많이 하고 있고, 해외개발사업 분야들은 이집트나 라오스, 방글라데시, 태국에 개발사업들을 진행하고 있습니다.

우리나라의 기술들, 특히 환

경플랜트 관련 기술, 음식물처리, 폐기물처리, 하수처리 등의 분야들은 기술적으로 보면 세계 1위라고 해도 과언이 아닙니다. 삼성 이건희 회장이 했던 가족 빼고 다 바꾸라는 유명한 말을 다 알고 있을 겁니다. 현대 정주영 회장의 '지금 씨를 뿌리지 않으면 3년, 5년 이후를 기대할 수 없다', SK 최태원 회장의 '우리가 어떻게 변하고 무엇을 준비하느냐에 따라서 우리의 미래는 달라지게 될 것이다'라는 말에서 확인할 수 있듯이 기업의 생존에는 변화가 중요합니다. 시작이 반이라는 이야기인데, 창업에 대해 겁먹고 주저하면 아무것도 못합니다. 시작을 안 하면 아예 아무것도 없는 거나 마찬가지입니다. 대기업 회장들이 하는 말을 보면 다 그만한 이유도 있고, 성공하기 위해서라는 생각이 듭니다. 여러분들도 이런 지향점이 될 말한 표현들을 생각해 보면 도움이 될 것입니다.

기업가가 되기 위한 노력

기업의 오너가 되거나 진짜 전문가가 되려면 자기 분야만 알아서는 안 됩니다. 공무원 같은 경우 고위직이 되기 전에 여러 부서를 다 거쳐서 경험을 한 후 고위직으로 승진하는 것처럼 창업을 하고 기업의 오너가 되려면 자기 분야뿐만 아니라 다양한 분야에 대한 유연한 사고를 해야 합니다. 유연한 사고 프레임과의 소통에 집중해야 합니다. 저는 상대방과 대화할 때 중요하게 생각하는 것이 항상 상대방을 이해하고, 내 행동이나 말이 상대방한테 튀지 않으려고 노력합니다. 또한, 사업을 하려면 다양한 분야의 사람들을 만나서 관계를 맺고 알아가야 하고 모르는 사람과도 대화할 수 있어야 합니다. 창업을 하면 성공할 수도 있고, 실패할 수도 있습니다. 실패를 하게 되면 재정이 좀 줄어들 수도 있고 사람과 관계가 안 좋아질 수도 있지만 실패했던 과정에서 배우는 게 더 많습니다,

저는 직원들과 저녁 약속을 해도 항상 5분 전, 10분 전에 와서 먼저 기다리고, 클라이언트와 약속이 있을 때도 항상 먼저 갑니다. 만약에 여러분이 취직을 해서 출근할 때 남들보다 30분 먼저 도착한다면 회사의 오너가 엄청 좋아할 겁니다. 사소한 내용이지만, 시간 관리를 못 하는 사람들은 사업을 하면 안 됩니다. 저는 지금까지 항상 약속 장소에 제일 먼저 와 있는 경우가 많았습니다. 그리고 어느 조직이든 스스로 성과를 내야 합니다, 회사나 가정이나 개인의 발전에 부수적인 것이지 회사에 모든 걸 다해서 열심히 일한다 할지라도 스스로가 즐겁게 일하는 것이 더 중요합니다,

근래에 제가 느끼는 것이 있습니다. 다른 조직에 표적이 되면 소규모 회사일 경우 크게 문제가 안 되는데, 회사가 커 나가면 상대방에게 비난받기도 하고 심하게는 조사를 받게 되거나 어려움이 발생할 수도 있습니다. 그래서 모든 의사결정을 할 때 당장 오늘 다소 손해가 될지언정 남들한테 표적이 되는 일들은 안 하려고 나름대로 노력을 많이 하고 있습니다.

그다음 중요한 것이 스트레스를 관리하는 것입니다. 저는 최근에는 어떤 일이 있어도 화를 내지 않습니다. 화를 안 내려고 노력하고 화를 내거나 짜증을 내는 경우 벌금을 내는 규칙을 만들어 지키려고 노력하다 보니 가정이나 회사 모두 분위기가 좋아졌습니다.

기업가로서의 단상

저는 처음 사업을 할 때 동업을 했는데 동업이라는 게 쉬운 일이 아닙니다. 만약에 여러분들이 친구와 같이 자취하거나 한 방에 같이 살면 서로 사이가 안 좋아지는 경우가 많아집니다. 사업을 할 때 직원들과 다르게 공동으로 운영을 하다 보면 대체로 1년 정도는 잘 운영되지만, 2년 정도 지나면 싸우는 경우가 많습니다. 한 가지 조언하자면, 창업할 때 초기투자비용이나 책임 및 관리하는 것이 당장은 어렵더라도 동업이 무조건 좋은 방법이라고 생각하지 말기를 바랍니다. 좋은 사람이 있으면 상하 관계로 지분을 70%, 30% 식으로 구성하는 게 좋습니다. 주식회사란 지분 51%가 주인이 되는 상황에 가깝고, 만약 50대 50으로 한다면 진짜 사업을 할 때 조심해야 합니다. 의사결정할 때 큰 영향을 미치기 때문입니다.

마지막으로, 제가 사업하면서 느낀 것은 우리나라는 창업하기에 상대적으로 쉬운 구조를 가지고 있다는 것입니다. 창업을 해서 비전을 가지고 성장하여 업계에서 살아남고, 그 안에서 상위권을 유지한다면 매우 안정적이라고 볼 수 있습니다. 하지만 중간에 있는 수많은 회사들은 쉽게 망하기도 하고 변화에 엄청 노출되어 있습니다. 업계 내에서 상위로 올라가면 우리나라의 구조상 지배할 수 있게 되기에, 안주하지 말고 상위로 올라갈 수 있도록 노력해야 합니다. 저는 장기, 골프, 카드 같은 잡기들뿐 아니라 축구, 야구, 농구도 열심히 합니다. 이런 사업과 연관성이 떨어지는 것 같은 다양한 활동도 사업에 도움이 됩니다. 여러 가지 노는 것 속에 이 사업이 있습니다. 술을 못 먹는 사람이 사업에 성공하기 쉽지 않은데, 저도 평상시에는 말도 잘 못 하지만 술을 먹고 이야기하면 서로 쉽게 공감할 수 있고 좋은 관계를 만들 수 있기 때문에 남들과 어울릴 수 있는 여러 가지 활동을 하면서 사업하는 것이 도움이 될 것입니다.

Q 보통 기업인들께서 대부분 처음에 회사를 창업하셔서 부나 명예를 얻으시고, 그다음에 여러 회사를 경영하는 형태로 사업을 확장하시는데, 이러한 과정에서 어떤 계기가 있었고, 비즈니스를 더 넓힐 때 주로 어떤 경우에 확장하셨는지요?

A 회사를 확장하거나 인수하는 경우 실리를 따져서 인수하는 경우가 대부분입니다. 우리나라는 회사를 지방에 만드는 경우 지역 회사로 갇혀버리는 경우가 있어서 여러 지역으로 확장하는 선택을 하게 되었고 이렇게 운영하다 보니 좀 더 큰 자산이 되어 또 다른 확장을 하기도 했습니다. 무엇보다 저는 기업가니까 확장을 할 때는 이윤추구, 실리추구가 가장 크다고 볼 수 있겠습니다.

정점래 대표이사님은 기존의 악습을 잇지 않는 순수함이 무기라고 이야기하셨다. 순수함으로 사업을 진행하는 것이 순탄하지 않음에도, 정비사업을 순수하게 진행하는 것이 득이 많다는 입장이시다. 악습에 따르지 않고 이권에 관여하지 않으면 신뢰가 쌓여 빠른 사업추진을 통해 경쟁력을 높일 수 있다는 것이다. 이는 정점래 대표님께서 CEO의 자리에서 가져야 할 마음가짐인, 모든 것이 마음먹기에 달려 있기에 긍정적으로 생각하는 것이 중요하며, 타인에 대한 배려와 스스로 노력하고 끊임없이 공부해야 한다는 입장과도 상통한다.

개인적으로 사실 사업이라는 것은 항상 실리를 따지고 편법과 술수를 가리지 않는 자본주의라고 다소 부정적으로 생각했던 적도 있었다. 그렇기에 창업을 하는 것에 있어서 더욱 주저했던 것도 사실이었다. 술수 등에 능하지 않은 나 같은 사람이 창업을 해서 성공할 수 있을지 쉽게 자신을 가질 수 없었으며, 그런 상황에 익숙해지는 것도 원치 않았기 때문이다.

하지만 정점래 대표님이 하신 말씀은 내게 다시금 새로운 길을 생각해보게끔 만들어주셨다. 기존의 악습을 잇지 않는 순수함이라는 가치를 추구하면서도 사업을 무척이나 성공적으로 이끌어 가신 모습을 보면서, 사업을 진행하며 내가 하고자 하는 바를 대표로서 이루면서도 모든 사람이 자신의 이익만을 추구하며 살아가지는 않는다는 것을 무엇보다 실감나게 배울 수 있었기 때문이다.

하지만 이러한 길이 쉬운 길은 아닐 것이다. 정점래 대표님께서 말씀하셨듯이, 스스로 노력하고 끊임없이 공부하는 태도가 그 쉽지 않은 길을 만들어낸 것이리라 믿는다. 그러니 나도 나 자신의 능력 개발을 위해 끊임없이 노력하고, 타인에 대한 배려를 항상 잊지 않도록 하며, 긍정적으로 생각할 수 있는 사람이 되어야겠다는 목표의식을 가지게 되었다.

건축학부 **김 나 연**

유진통신공업(주) 대표 **정 태 봉**

회 사 명 유진통신공업(주)

회사소개 유진통신공업㈜은 동축케이블 전문 제조회사로 1987년 창사이래 CATV, MATV, CCTV, 유무선 인터넷, 이동통신, 디지털방송, 위성방송 등의 송수신에 필요한 각종 동축케이블을 전문 생산하는 국내 최대의 회사임. 2000년 10월 세계적인 동축케이블 제조 회사인 미국의 TFC와 합작을 이루어 TFC의 모든 제품을 경쟁력 있게 공급하게 되었음.

설립연월 1987년 4월

사업분야 절연전선케이블, 고주파동축케이블, 전선케이블 제조, 도소매 등 기타 절연선 및 케이블 제조업

매 출 액 726억(2019년)

직 원 수 86명(2020년)

기업가적 리더십 키워드

得道多助, 신뢰

유진통신공업(주) 대표
정 태 봉

2020년의 큰 변화 "코로나"

제가 올 1월에 아내와 심수봉 콘서트에 가서 이런 이야기를 들었습니다. '2020'과 같이 숫자 두 개가 겹치는 해가 특수한 해이고, 숫자 두 개가 겹치는 상황이 101년마다 한 번씩 온다고 합니다. 101년 전에는 1919년이었고, 101년 후에는 2121년으로 숫자 두 자가 겹치는 특수한 해입니다. 1919년에는 어떤 일이 있었나요? 여러분들이 잘 아시다시피 우리나라가 일제의 압박 속에서 숨죽이며 살다가 유관순 열사를 비롯한 민중들이 일어나 일제에 항거하는 사건이 있었던 해가 1919년입니다. 그리고 올해 2020년은 그야말로 특수한 해가 되었습니다. 그 누구도 생각하지 못했던 코로나 사태가 올 초부터 시작해서 지금까지 계속되고 있고 언제 종식될지도 모르는 상황 속에서 모든 것이 뒤죽박죽되어 엉망진창이라는 말밖에 할 수 없을 만큼 심각한 현실과 마주했습니다.

저희 회사는 본사가 미국에 있기 때문에 해마다 최소 10번 이상은 외국 출장을 갔습니다. 2월에는 연간계획미팅, 8월에는 전략미팅, 11월에는 다음연도 계획을 위해서 최소 3번은 가고, 이외에 유럽, 아프리카 등 80여 개국을 다녔습니다. 2000년도에 저희 회사가 미국과 합작을 했으니 벌써 20년쯤 지났는데, 코로나 때문에 금년에는 단 한 군데도 외국 출장을 못 가고 미국 본사에서도 컨퍼런스처럼 운영하여 화상회의로 대체하고 있습니다. 모든 것이 언택트(untact) 미팅으로 바뀌고 있고, 회의뿐만 아니라 아마도 여러분들이 졸업을 하고 직장생활을 하는 상황에는 많이 바뀌게 될 겁니다. 지금까지는 주로 사무실에서 8시 출근, 5시 퇴근하는 형태로 함께 근무하고, 부장 아래 차장, 과장, 대리, 주임, 평사원 같은 위계질서가 있었지만 아마 앞으로는 같은 사무실에서 근무하고 회의하는 형태가 생산직이나 현장직을 제외하고는 점차 사라지지 않을까 하는 생각이 듭니다. 제가 알기로는 미국이나 유럽에서는 3~4년 전부터 재택근무를 많이 해왔는데 우리나라의 경우 최근에 재택근무를 많이 하고 있고 앞으로도 더 많은 변화가 일어나지 않을까 생각을 해봅니다.

세 가지 은혜

1986년에 통신사업을 시작해서 지금에 이르기까지 35년 동안 제가 살아온 얘기를 쉽게 말씀드리려고 합니다. 제가 고등학교 때 친구 한 명이 교실에 들어가니 선생님이 교복을 입고 있어서 놀랐다고 합니다. 그게 바로 접니다. 고등학교 1학년이면 열일곱 살인데 선생님이 앉아 있는 줄 알았다고 할 만큼 제가 조숙했는데, 좋게 말해서 조숙이고 다르게 말하면 10대 때부터 40대 때까지도 사람들이 제 나이보다 열 살을 더 위로 봤다는 것입니다. 제가 잘생긴 얼굴이 아니라서 그런 것도 없잖아 있겠지만, 저는 그 이유를 또래보다 더 많이 생각하고 더 많이 경험하고 세상 모든 짐을 혼자 지고 가는 사람과 같았기 때문이라고 생각합니다.

일본 마스시타 전기의 창업자인 마스시타 고노스케는 경영의 신으로 불리며 세계에서 엔진을 만드는 가장 큰 회사의 창업주였습니다. 그는 세 가지 은혜를 입고 태어났다고 했습니다. 아주 가난하게 태어난 것, 아주 허약하게 태어난 것, 못 배운 것이 그것입니다. 그런데 이것은 어떻게 보면 역설이고, 일반적인 시각으로는 말도 안 되는 이야기입니다. 가난하고 허약하고 못 배웠다는 것은 요즘 말로 흙수저라고 볼 수 있는데 이런 경우 세상에 대해서 비관적으로 살고 못된 길로 가는 게 일반적입니다. 그런데 그분은 자기가 가난했기 때문에 남보다 더 열심히 살아야 된다는 부지런함을 배웠고, 허약하기 때문에 건강의 중요성을 깨달아 틈틈이 운동하고 음식을 절제하는 생활을 하면서 96세까지 장수했다고 합니다. 그리고 그는 초등학교 4학년까지 다녔는데 이를 부끄럽고 창피하게 생각한 것이 아니라 배우지 못했기 때문에 언제 어디서든 누구에게든 배워야겠다는 생각을 늘 가졌답니다. 늘 배우는 자세로 인생을 살아온 그는 책도 아주 쉽게 알아들을 수 있도록 썼습니다. 자신의 불리한 세 가지 역경을 극복하고 그것을 은혜로 여기면서 인생을 사신 분에 대해 감히 말씀드렸습니다.

제 자신을 그분과 비교하기는 어렵겠지만 저도 충북 시골에서 태어났습니다. 호롱불 밑에서 초등학교 시절을 보냈고, 중학교는 어머니를 졸라서 청주에서 다녔습니다. 부모님이 걱정을 하셔서 청주에서 공장을 다니는 누나한테 가서 살면 된다고 말씀을 드려서 전학을 갔습니다. 3년간 누나랑 자취를 하고, 밥도 하고 빨래도 하고 공부도 알아서 하는 중학교 시절을 보냈습니다. 저는 시골에만 있으면 안 될 것 같아서 청주로 전학을 갔고, 청주도 큰 도시라 좋은 고등학교도 많았지만 고등학교는 대전으로 갔습니다. 대전고등학교가 가장 경쟁률이 높았는데, 청주에서 1, 2등을 다투던 제가 대전고등학교 입시에서 낙방했습니다. 당시 고등학교를 떨어지면 부자들은 학원에 등록해서 재수를 하는데 저는 시골촌놈이고 재수가 뭔지도 몰라 다른 B고등학교로 진학해서 아주 재미있게 고등학교 생활을 했습니다. B고등학교에서 중간고사가 끝나고 극장에 갔는데, 앞자리에 대전에서 제일 명문인 여자고등

학교 학생들도 와 있었습니다. 친구 중 한 명이 앞자리 여학생한테 장난을 걸었는데, 그 여학생이 뒤를 돌아보더니 말했습니다. '쳇, B고 주제에!'라고 말한 그 한 마디가 저한테는 가슴에 못이 되었습니다. '아, 이건 아니구나! 내가 이렇게 인생을 살아서는 안 되겠구나' 하는 자괴감과 저의 현실을 직시하고 B고등학교를 자퇴했습니다. 다시 대전고등학교 시험을 보고, 떨어지면 검정고시를 봐서 대학을 가면 되겠다고 생각하고 시험을 봐서 결국 합격했습니다. 저는 그렇게 해서 대전고등학교를 졸업하고 오늘 이 자리에 있습니다. 시골에서 초등학교를 나오고 청주에서 중학교, 대전에서 고등학교, 서울에서 대학교를 졸업하고 인천에서 사업을 시작하는 이런 삶을 살아왔습니다.

신념 + 신용 = 신뢰

현대의 정주영 회장이 현대 가(家)를 이루고 현대를 비롯한 대기업이 우리나라를 오늘의 경제 강국으로 만들었다는 것을 아실 것입니다. 제가 사업을 시작했을 때에는 미국이나 호주에 가면 다들 저한테 "Are you Japanese? Are you Chinese?" 이렇게 물었습니다. 제가 "I'm Korean!"이라고 하면 외국 사람들은 잘 몰랐습니다. 물론 지금은 올림픽 강국, 박태환 선수, 골프 등으로 많이들 알고 있는데 이게 다 경제가 발전했기 때문입니다. 저는 정주영 회장의 현대가 없었다면 우리나라가 어떻게 경제발전을 했을까 생각을 해봅니다. 그분의 고향은 지금은 북한 땅인 강원도인데 형제도 많았고 학력이 초등학교 졸업이라, 본인이 농사를 지어서는 안 되겠다는 생각에 집에서 돈을 훔쳐 서울에 와서 학교를 다녔다고 합니다. 그때 아버지가 잡으러 와서 고향으로 갔다가 다시 도망을 나옵니다. 그 후 공사판에서 일하고, 가게에서 일을 하게 되었는데 신용이 좋고, 성실히 일해서 주인이 아들에게 가게를 안 물려주고 정주영 회장에게 물려주었습니다. 그 돈을 모아 자동차 수리 공장을 차렸는데 그게 성장해서 현대자동차가 된 것입니다. 당시 사채업자에게 돈을 빌려 자동차 수리서비스를 운영했는데, 갑자기 불이 나서 폭삭 망해 돈을 갚을 길이 없어 사채업자를 찾아갔다고 합니다. 불이 나서 돈을 갚을 수가 없는데 어떻게 하면 좋겠냐고 물었더니 사채업자가 자신은 수많은 사람들한테 돈을 빌려줬는데 못 받은 적은 한 번도 없을 정도로 사람을 잘 본다고 했답니다. 그 말을 들은 정주영 회장은 돈을 다시 빌려주면 반드시 재기해서 돈을 갚을 테니 빌려달라고 했습니다. 그렇게 다시 돈을 빌리고 재건해서 그 돈을 갚았다는 데서 그분의 용기와 신용을 알 수 있습니다.

정주영 회장의 용기와 신념에 대한 사례를 하나 더 언급해 보겠습니다. 서울에서 개최되었던 88올림픽은 개최지 결정 시점에 나고야로 거의 결정되었었는데, 당시에 일본은 나고야로 결정 되었다고 생각하고 안심하고 있었답니다. 그런데 서울에서 꼭 개최해야겠다고 결심한 정주영 회장은 꽃바구니를 들고 IOC 위원들을 찾아다니며 설득해서 결국 올림픽을 한국으로 유치했던 일화가 있습니다. 이렇듯 정주영 회장은 길이 없으면 길을 찾고 길을 만들라는 신념을 갖고 창업을 하신 분입니다.

저희 회사도 업계에서는 인지도가 있는데, 매출은 800억 정도에 은

행 빚은 10원도 없습니다. 정주영 회장이 신용으로 기업을 키운 것처럼 저희 회사도 LS전선에 납품하면서 신용을 쌓고 차근차근 성장하게 되었습니다. 지금도 납품 규모가 350억 정도로 꽤 큰 편인데, 예전에 당시 거래처 담당자였던 친구들이 지금은 회사 사장을 하고 있습니다. 좋은 유대관계가 있다는 것, 신용, 믿음은 정말 중요하다는 말씀을 드리고 싶습니다.

저는 또한 행운이 많다는 생각을 합니다. 운이 참 좋은 사람입니다. 첫 번째는 부모님을 참 잘 만났습니다. 성실하시고 동네에서도 평판이 좋은 부모님 밑에서 자란 것이 행운이고, 시골에서 자랐기에 추억이 많고 감성이 풍부한 것도 큰 행운이라고 생각합니다. B고를 1년 다니다가 여학생 덕분에 자퇴하고 대전고등학교를 다닌 것도 큰 행운이었습니다. 촌놈들은 대학에 가면 고시공부를 합니다. 그런데 저는 희한하게 고시공부를 안 하고 사업을 했습니다. 운이 좋게 사업하는 사람이라고 학교에서 초대를 받아 강의할 만큼 인정받고 있습니다. 골프에 홀인원이라고 있는데, 프로도 치기 어려운 것을 저는 운이 좋게 세 번을 한 사람입니다. 그래서 저는 행운이 많다는 생각을 하면서 살고 있습니다. 1987년도에 사업을 시작하면서 우여곡절이 있었지만, 운이 훨씬 더 많았습니다. 군대에서 제대하고 친구네서 살았는데 그 친구가 느닷없이 자기가 하는 사업이 있는데 더 이상 못하겠으니 저한테 해보라고 했습니다. 저희 회사는 제가 만든 것이 아니라 그 친구가 만들었는데 인수 조건으로 4천만 원 빚만 갚으면 된다고 했습니다. 제가 4천만 원이 없다고 하니 나중에 갚으라고 했고, 제 별명인 대포처럼 우선 무대포로 사업을 시작하게 되었습니다.

1988년도에 서울올림픽이 개최되고, 노태우 정부가 들어서면서 건설사업이 많아졌습니다. 잠실 주경기장, 일산 신도시를 건설하면서 케이블이 들어왔고, 케이블을 납품하면서 돈을 벌어 1992년도에 지금의 세종시로 공장을 옮겼습니다. 그렇게 친구 돈도 갚았습니다. 그 이후 1993년에는 케이블TV 시대가 오면서 많은 방송사들이 생겼고, 기존에 깔렸던 케이블 용량이 적어 다 바꿔야 했습니다. 그래서 1993년 말부터 5~6년 동안 전화를 못 받을 정도로 바쁘게 일하면서 신나게 돈을 벌었습니다. 그런 행운이 저한테 왔고, 또 2000년에 인터넷이 활성화되면서 유선방송사에서 동축케이블을 이용해 TV와 인터넷을 사용하게 되었습니다. 그때부터 제가 없어서 못 파는 수준으로 엄청난 호황을 맞았고 결국 미국에 회사지분을 넘기게 되었습니다. 마지막으로는 우리 서울시립대학교에서 강연 요청이 왔고 이런 자리에 서는 기회가 찾아왔습니다.

得道多助

저는 어떤 일을 하든지 사명감을 가지고 했고, 미국에 회사지분을 매각하지 않았다면 지금보다 열 배를 키웠을지 모르겠지만 은행에 부채가 있었을 것입니다. 저는 할 수 있는 것을 알차게 해보자는 생각으로 여기까지 왔습니다. 지금껏 인생을 살면서 여러 행운을 얻고 행운을 지킬 수 있었던 이유와 앞으로 지켜야 된다는 뜻에서 맹자님이 말씀하셨던 '득도다조(得道多助)'라는 이야기로 마무리를 짓고 싶습니다.

직역을 하자면 '도를 얻으면 도와주는 사람을 얻는다'라는 뜻이지만, 원래 뜻은 '자기가 할 일을 다 하면 도와주는 사람을 얻는다'는 뜻입니다. 세상에서 강한 사람은 돈 많은 사람, 힘이 센 사람, 지혜나 학력이 높은 사람이 아니고 도와주는 사람이 많은 사람이 진짜 강한 사람이라는 뜻입니다. 제 사무실에도 '득도다조'라고 써두고 마음에 새기면서 생활하고 있습니다. 저를 주변에서 도와주는 사람들 중 첫 번째는 우리 직원들입니다. 100여 명 남짓한 사원들이 다 저를 도와주고 있습니다. 중소기업에서 직원들이 오래 근무하는 것은 쉬운 일이 아닙니다. 본인 자신도 그렇지만 주변에서도 많이 우려하는 부분도 있습니다. 직원 중 20년 넘게 일한 사람이 20명도 넘는데, 창립기념일에 장기근속자에게 상금으로 2천만 원씩 지급하는 것이 저에게는 자랑입니다. 제가 특별하게 잘해주는 것은 아니지만 투명하게 양심껏 회사를 운영하면 직원들은 소기업이어도 열심히 하면 뭔가 보상이 있구나, 손해는 없구나 하는 믿음으로 일한다고 생각합니다. 저는 직원들이 안심하고 직장을 다닐 수 있게 해주고자 하고 직원들은 작지만 일을 하다 보면 성과가 있다는 것을 알게 되는 것입니다.

제가 대전고등학교에 입학할 때 200점 만점에 193점을 맞아야 하는데 간신히 꼴찌로 합격했습니다. 하지만 지금 이 영어 실력을 가지고 매번 미국에 가서 회의를 합니다. 저는 그 사람들이 나누는 이야기 내용을 반도 못 알아듣지만, 200여 개의 기업들이 다 저를 도와줍니다. 영어는 못하지만 저희 회사를 도와주는 곳이 많고 CEO로 월급도 많이 받습니다.

저는 세종특별시 체육회장입니다. 작년까지만 해도 체육회장은 시장이나 도지사가 겸직을 했는데 권한이 막강하다고 볼 수 있습니다. 올해 체육회장을 선출하게 되었는데 제가 체육회장을 하는 데 반대하는 사람들이 있었습니다. 첫째 저는 세종시민이 아니고, 둘째 체육에 대해 아무것도 모르고, 셋째 세종에 아무런 연고가 없다는 것이 이유였습니다. 하지만 제 생각은 다릅니다. 먼저 동네 이장은 그 지역사람이 하는 것이 맞지만, 체육회장은 100억 예산을 관리해야 하고 많은 일을 제대로 수행해야 하기 때문에 세종시민인 것이 중요한 게 아니라 투명하고 솔직하고 능력 있는 사람이 해야 합니다. 둘째, 다른 협회장들도 다 그 분야를 전공하지 않았기에 체육을 잘 모르는 것은 큰 상관이 없습니다. 셋째, 지금까지 세종에서 사업을 해온 제가 세종에 연고가 없다고는 할 수 없습니다. 저를 반대하는 사람도 있었지만 결국 저는 과반수를 확보해서 세종시 체육회장에 당선되었습니다.

저는 가족, 친구, 동료, 선배, 우리 직원 등 주변에서 도와주는 사람 모두와 관계가 너무 좋기 때문에 행복하게 잘 살고 있습니다. 이렇듯 "본인이 할 역할을 다 하면 결국 도와주는 사람이 많고 그 사람이 제일 강한 사람이다"라는 메시지를 마지막으로 드리고 싶습니다.

강연 후기

유진통신공업 정태봉 대표님의 강연을 듣고 무엇보다 강연의 마지막에 '득도다조'라는 말씀을 한 것이 기억에 가장 남는다. 대표님께서는 자신이 할 일을 다 하다 보면 도와주는 사람이 많아지고, 항상 자기의 역할을 제대로 다 하는 기본이 중요하다고 하셨는데 이 말씀에 공감이 많이 되었다. 다른 뛰어난 능력을 많이 가지고 있더라도 자신의 역할을 제대로 해내는 기본을 갖추지 못한다면 그 분야에서 성장하고 인정받기란 불가능하다고 생각된다. 어떤 일을 하든 항상 기본을 탄탄하게 갖추어 놓아야겠다는 생각이 들었다.

이와 더불어 인간관계에서의 신용을 잃지 말아야 하고 살아가면서 신념으로 생각하고 지켜야겠다는 다짐을 했다고 말씀하셨다. 모든 일에서 사람이 주는 도움을 무시할 수 없고, 인간관계에서의 신용은 한 번 무너지면 되돌릴 수 없다는 생각을 평소에 하고 있었던 터라 이 말씀이 더욱 와 닿았다. 지금부터라도 인간관계를 신중하고 바르게 해 놓아야겠다는 생각이 드는 계기가 되었다.

대표님께서는 운이 성공에 어느 정도 영향을 준다고 생각하시냐는 질문에 120%라고 답을 하셔서 깜짝 놀랐다. 교수님께서도 말씀해 주셨듯이 대표님이 겸손한 분이시라 운이라고 말씀하시지만 사실은 그 뒤에 엄청난 피나는 노력이 숨어있다고 알려주셨고 이 부분에도 크게 공감이 되었다. 기회는 준비된 자에게 찾아온다는 말처럼, 운이나 타인의 도움 역시 자신의 할 일을 열심히 하면서 노력하는 사람에게 찾아온다고 생각한다. 아무 노력도 하지 않으면서 운이나 기회만 바라는 것은 어리석은 일이다. 강연을 듣고 항상 노력하는 준비된 사람이 되어야겠다고 생각했다.

세무학과 **김 아 현**

(주)씨엠엔텍 대표 **제 성 호**

회 사 명 (주)씨엠엔텍

회사소개 국내에 구역계량용 유량계를 가장 많이 공급해 왔으며 세계적인 품질관리 및 고객지원 시스템을 제공. 끊임없는 연구개발을 바탕으로 고객의 현장에 가장 적합한 측정 핵심기술을 제공하여, 수자원을 효율적으로 관리하고 절감할 수 있도록 최선을 다하는 정직과 신뢰의 기업

설립연월 2004년 10월

사업분야 유량계, 계측기기 제조업

매 출 액 212억(2019년)

직 원 수 87명(2019년)

기업가적 리더십 키워드

도전, 목표, 추진력, 열정

(주)씨엠엔텍 대표
제 성 호

Do My Best

저는 지금 서울시립대학교 총동창회장으로 활동하고 있습니다. 그러다보니 학교에 가는 날이 꽤 많습니다. 총동창회장을 맡고 나서는 학교 간 날이 많은데 정작 대학생활을 할 때는 학교에 잘 다니지 않았습니다. 당시에는 서울대학교를 떨어져서 서울시립대학교에 오는 학생들이 70~80% 정도 있었고, 저도 그중 한 명이었습니다. 대학에 다니면서 대학입시 공부를 다시 하려고 했는데, 막상 대학생활을 하다 보니 시대적인 상황상 휴강도 많았고 방황 아닌 방황을 하면서 어렵게 졸업했습니다. 그렇게 학교에 다니면서 ROTC를 하고 졸업 후 7사단 최전방에서 근무를 하게 되었는데 화천이라 엄청 춥고 힘들었습니다. 군복무를 하면서 추운 곳에서 오랫동안 보초를 서다 보니 그때까지 살아온 인생에 대해 반성하게 되었습니다. 어느 가을 무렵에 1시간 남짓 혼자 생각하다가 정신을 차려야겠다는 생각이 들었고 이제부터, 여기서부터 최선을 다하자고 다짐을 하고 군대생활부터 열심히 했습니다. 그리고 상장회사의 대표가 되어 강남에 회사사옥을 짓겠다는 목표를 정했습니다.

정신을 차리고 목표를 세웠으니 당연히 무엇이든 열심히 했고 이런 노력 덕분에 대대장들에게도 좋은 평가를 받을 수 있었습니다. 군 생활을 하면서 중요 보직을 맡게 되었고, 상도 많이 받았습니다. ROTC 출신이라 대기업에 입사하기가 상대적으로 수월했고 '현대중공업'에 합격하게 되었습니다. 앞에 언급한 것처럼 대학시절에는 방황을 해서 토목공학과를 겨우 졸업했는데, 제가 남들과 좀 달랐던 것은 〈코리아헤럴드〉라는 영자신문을 줄곧 읽어왔던 것입니다. 현대중공업 입사시험을 보는데 해당직군인 토목직과 기계직 시험과목이 영어였습니다. 제가 오랫동안 〈코리아헤럴드〉 신문을 보면서 모르는 게 있으면 찾아보며 공부했기 때문에 영어시험은 자신 있었습니다. 반면에 그 당시 공대 친구들은 영어를 못하는 사람들이 많았습니다. 그래서 제가 1등으로 현대중공업 해외플랜트 사업부에 입사했지만, 토목직인데 영어로 된 서류의 통역이나 번역 업무만 시켜서 고민하고 갈등을 하던 차에 해외발령이 나서 그만두게 되었습니다.

그 뒤 서울로 올라와서 '정우엔지니어링'의 상하수도 환경부에 입사했습니다. 그 당시 현대중공업보다 급여를 2~3배 더 많이 주었고, 보너스도 1,200%를 주었습니다. 1,200%면 매달 보너스가 나오는 것이기 때문에 굉장히 좋은 조건이었다고 볼 수 있습니다. 그래서 입사 후

군대에서 열심히 했던 것처럼 갖은 노력을 기울였습니다. 제가 담당한 부분이 하수종말처리장 설계업무였는데 우리나라에서 처음 시도되는 업무를 제가 담당하다 보니 여러 가지로 어려움이 있었습니다. 하수처리장은 대부분 미국, 일본, 독일회사들이 설계해서 진행했는데 대표적인 것이 청계천하수처리장입니다. 우리나라 기술진으로 진행한 것이 성남하수처리장이었고 그것을 제가 담당했었습니다. 당시 설계를 할 수 있는 기술자가 없어서 조선일보 동아일보 1면에 기술자공고를 냈는데 지원자가 대부분 건설담당자였고, 이라크나 사우디아라비아에서 건설해본 사람은 있는데 설계하는 사람이 없어서 시간만 가고 있었습니다. 그래서 회의를 하다가 우리가 미국과 일본 수도회사랑 제휴해서 진행하기로 결정했고, 저는 외국어가 가능하다는 이유로 프로젝트의 전반을 책임지게 되었습니다.

그런데 문제가 있었습니다. 제휴한 기업의 일본기술자들이 들어와서 설계업무를 했는데 답만 주고 과정은 알려주지 않는 것이었습니다. 과정을 알지 못하면 다음에도 다른 기술자가 필요하게 되니 과정을 배우기 위해서는 방법이 필요했습니다. 저는 정성을 기울여서 일본기술

자들을 회사에서 신사동 호텔까지 매일 출퇴근을 시켜줬습니다. 한국에 있는 동안 일본기술자들을 극진하게 대접했더니 프로젝트가 끝나고 출국할 때 기술자가 저에게 책을 한 권 주고 갔는데 그것은 설계업무의 바이블 같은 책이었습니다. 숙련된 기술자가 설계에 필요한 내용을 하나하나 기록한 것이었고 그것을 저에게 줘서 정말 고마웠습니다. 알고 보니 제가 설계기술을 배우려고 집에 안 가고 아침은 햄버거로 때우며 밤늦게까지 노력하니까 그분이 감동을 받아서 자료를 저에게 주게 되었다고 했습니다. 이런 과정을 거쳐 제가 총괄하며 우리나라에서 처음으로 하수처리장을 설계했으니 하수처리장을 저만큼 아는 사람이 없고 국내 최고라는 자부심을 갖게 되었습니다. 그리고 처리장을 설계하다 보니 기계전기 분야도 접하게 되었고, 제가 토목을 잘 못하기도 했지만 기계나 전기를 하게 되면서 이 분야로 나중에 창업하게 되었고, 창업기업의 성공에 큰 자산이 되었습니다.

큰 목표, 큰 도전

우리나라에서 유일하게 하수종말처리장을 설계하는 엔지니어가 되다 보니 큰 기업에서 높은 연봉으로 스카우트 제의가 들어왔었습니다. 저는 넓은 세상을 보고 싶고, 해외에서 일해보고 싶어서 스웨덴 FLYGT사에 입사했습니다. 스웨덴으로 터전을 옮겨 유럽 각지를 다니며 선진기술을 접하고, 기계제조 실무와 영업 업무를 체계적으로 습득할 수 있었습니다. 훗날 이런 경험이 제가 창업을 하고 사업을 키워나가는 데

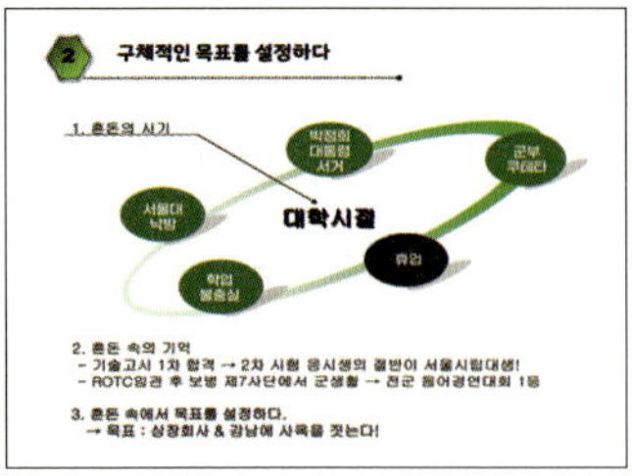
2 구체적인 목표를 설정하다
1. 혼돈의 시기
대학시절
2. 혼돈 속의 기억
- 기술고시 1차 합격 → 2차 시험 응시생의 절반이 서울시립대생!
- ROTC임관 후 보병 제7사단에서 군생활 → 전군 웅어경연대회 1등
3. 혼돈 속에서 목표를 설정하다.
→ 목표 : 상장회사 & 강남에 사옥을 짓는다!

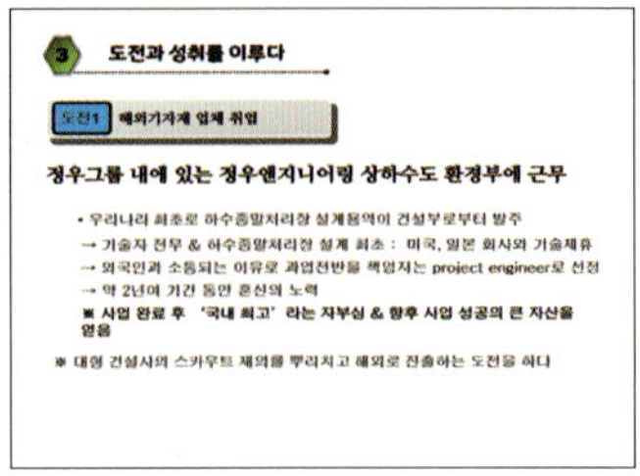
3 도전과 성취를 이루다
도전1 해외기자재 업체 취업
정우그룹 내에 있는 정우엔지니어링 상하수도 환경부에 근무
• 우리나라 최초로 하수종말처리장 설계용역이 건설부로부터 발주
→ 기술자 전무 & 하수종말처리장 설계 최초 : 미국, 일본 회사와 기술제휴
→ 외국인과 소통되는 이유로 과업전반을 책임지는 project engineer로 선정
→ 약 2년여 기간 동안 혼신의 노력
※ 사업 완료 후 '국내 최고' 라는 자부심 & 향후 사업 성공의 큰 자산을 얻음
※ 대형 건설사의 스카우트 제의를 뿌리치고 해외로 진출하는 도전을 하다

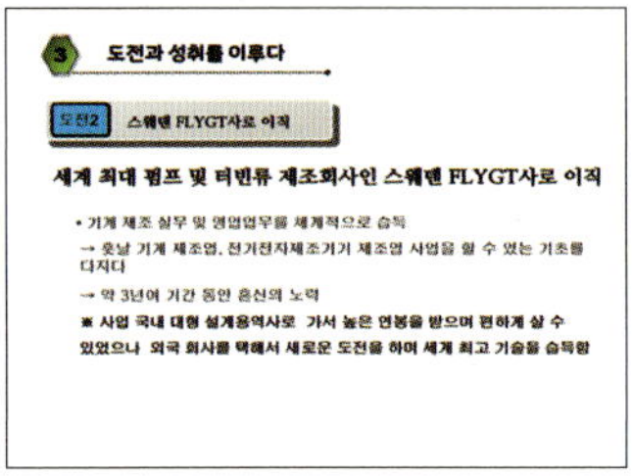
3 도전과 성취를 이루다
도전2 스웨덴 FLYGT사로 이직
세계 최대 펌프 및 터빈류 제조회사인 스웨덴 FLYGT사로 이직
• 기계 제조 실무 및 영업업무를 체계적으로 습득
→ 훗날 기계 제조업, 전기전자제조기기 제조업 사업을 할 수 있는 기초를 다지다
→ 약 3년여 기간 동안 혼신의 노력
※ 사업 국내 대형 설계용역사로 가서 높은 연봉을 받으며 편하게 살 수 있었으나 외국 회사를 택해서 새로운 도전을 하며 세계 최고 기술을 습득함

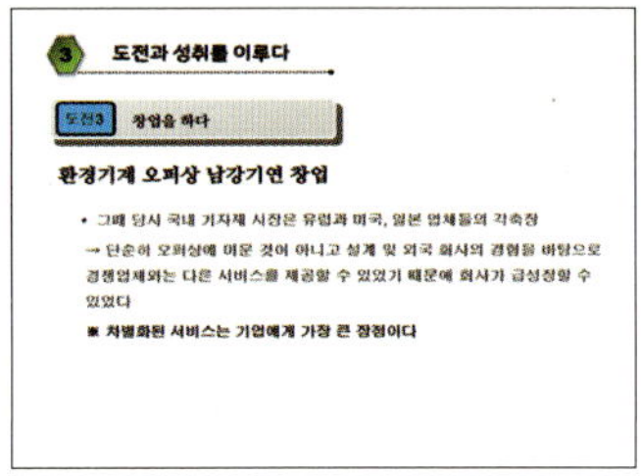
3 도전과 성취를 이루다
도전3 창업을 하다
환경기계 오퍼상 남강기연 창업
• 그때 당시 국내 기자재 시장은 유럽과 미국, 일본 업체들의 각축장
→ 단순히 오퍼상에 머문 것이 아니고 설계 및 외국 회사의 경험을 바탕으로 경쟁업체와는 다른 서비스를 제공할 수 있었기 때문에 회사가 급성장할 수 있었다
※ 차별화된 서비스는 기업에게 가장 큰 장점이다

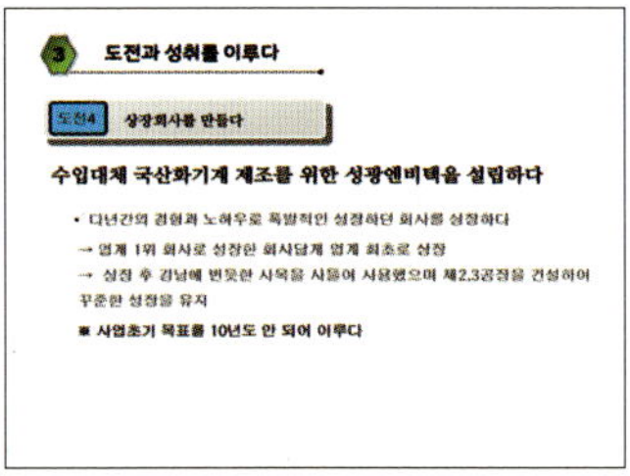
3 도전과 성취를 이루다
도전4 상장회사를 만들다
수입대체 국산화기계 제조를 위한 성광엔비텍을 설립하다
• 다년간의 경험과 노하우로 폭발적인 성장하던 회사를 설정하다
→ 업계 1위 회사로 성장한 회사답게 업계 최초로 상장
→ 상장 후 강남에 번듯한 사옥을 사들여 사용했으며 제2,3공장을 건설하여 꾸준한 성장을 유지
※ 사업초기 목표를 10년도 안 되어 이루다

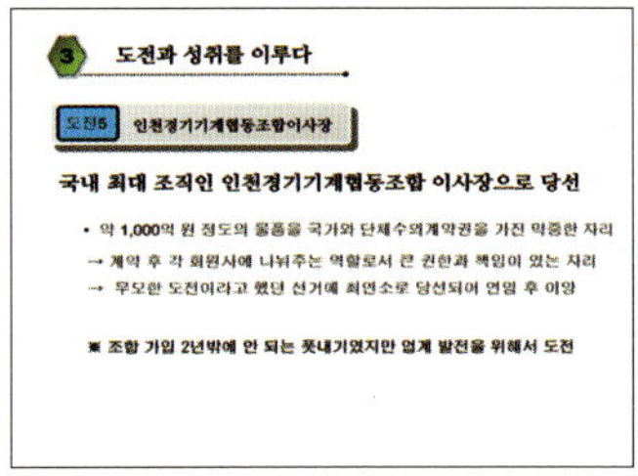
3 도전과 성취를 이루다
도전5 인천경기기계협동조합이사장
국내 최대 조직인 인천경기기계협동조합 이사장으로 당선
• 약 1,000억 원 정도의 물품을 국가와 단체수의계약권을 가진 막중한 자리
→ 계약 후 각 회원사에 나눠주는 역할로서 큰 권한과 책임이 있는 자리
→ 무모한 도전이라고 했던 선거에 최연소로 당선되어 연임 후 이양
※ 조합 가입 2년밖에 안 되는 풋내기였지만 업계 발전을 위해서 도전

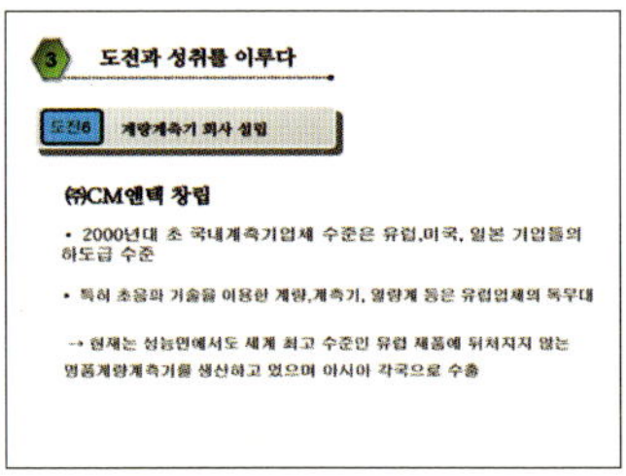
3 도전과 성취를 이루다
도전6 계량계측기 회사 설립
㈜CM엔텍 창립
• 2000년대 초 국내계측기업체 수준은 유럽,미국, 일본 기업들의 하도급 수준
• 특히 초음파 기술을 이용한 계량,계측기, 열량계 등은 유럽업체의 독무대
→ 현재는 성능면에서도 세계 최고 수준인 유럽 제품에 뒤처지지 않는 명품계량계측기를 생산하고 있으며 아시아 각국으로 수출

4 다시 새로운 도전을 꿈꾸다
• 버킷 리스트(모교관련)
서울시립대 총동창회장
동문 네트워크 강화
의과대학 유치

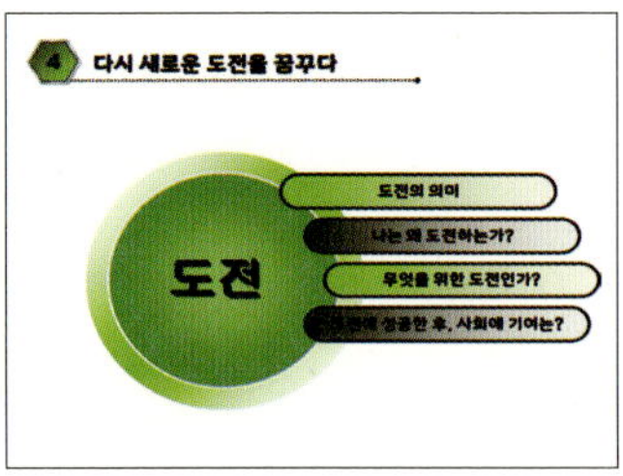
4 다시 새로운 도전을 꿈꾸다
도전
도전의 의미
나는 왜 도전하는가?
무엇을 위한 도전인가?

큰 도움이 되었습니다.

그렇게 3년 동안 스웨덴 기업에서 각고의 노력으로 경험을 쌓고 한국에 들어와 환경기계 오파상 '남강기연'이라는 회사를 창업했습니다. 그 당시 우리나라 환경기자재 시장은 유럽, 미국, 일본이 경쟁을 하고 있었기 때문에 우리나라 사람으로서 차별화된 서비스를 제공할 수 있었습니다. 하수처리 관련 기계를 한국에서 저만큼 아는 사람이 없었기 때문에 독일과 스웨덴에서 제품을 수입해서 국내에 유통시켰고, 3년 동안 하수처리기계 오파상을 하면서 돈을 엄청 벌었습니다.

하지만 환경기계 부문은 굉장히 중요한 부분인데 수입에만 의존하고 있는 시장의 상황을 보고 저는 환경 관련 기자재를 국산화하자고 생각해서 기계제조 부분에 도전해보기로 결심했습니다. 오파상 할 때 직원이 20명 정도로 오파상의 규모로서는 굉장히 컸는데, 그 직원들 중에는 제 의견에 찬성하는 직원도 있고 반대하는 직원도 있었습니다. 저는 해외에서 직접 경험했고 잘 알고 있었기 때문에 직접 만들면 더 성공할 수 있다고 생각했습니다. 결국 1993년 말에 20억 정도를 투자해서 여주에 2천 평 규모의 공장을 구입하고 공장설비를 완성하며 수입대체 국산화기계 제조회사 '성광엔비텍'을 창업했습니다. 주먹구구식으로 하는 데는 있었지만 규모 있게 체계적으로 운영하던 곳이 없었기에 독보적이었습니다. 저희는 높은 기술력을 통해 폭발적으로 성장하였고 공장을 확장해서 수처리 분야와 환경 분야 모두 성공적으로 운영했습니다. 마침내 저의 오랜 목표 중 하나였던 상장을 준비하였고, 코스닥 상장이 1, 2, 3차 리젝트 없이 바로 진행되어 사업을 시작한 지 4년 만에 코스닥에 상장하여 상장기업의 대표가 되었습니다.

결국 오파상을 했다는 경험으로 빠르게 기계를 국산화할 수 있었으며, 오파상을 할 때 해외박람회를 다니면서 많은 아이디어를 실험해보고 개발에 박차를 가해서 성공할 수 있었다고 생각합니다. 업계 1위 기업으로 상장하면서 강남에 사옥을 지어서 이전하고 제2공장 제3공장을 설립하면서 여기까지 성장했습니다. 이렇게 사업 초기에 생각했던 상장기업의 대표이사와 강남에 사옥을 갖는 목표를 빠르게 달성하였습니다.

또 다른 도전 그리고 성취

상장기업이고 제조업이라 노동조합과의 관계 때문에 굉장히 힘들었고 그 시기에 건강이 좋지 않아 쓰러지기도 했습니다. 그때 병원에서 적당히 일하고 쉬라는 조언을 듣고 주식을 매각하고 건강관리도 할 겸 외국에 잠깐 나갔었습니다. 외국에 다녀와서 정우엔지니어링에서의 경험을 바탕으로 설계회사를 하나 만들었습니다. 그때쯤 친구 중 한 명이 저에게 20억을 빌려갔는데 그 친구가 하는 사업이 망해서 회사가 굉장히 어려운 상황에 있었습니다. 친구도 그 회사 직원들도 제가 받아야 할 돈이 있으니 인수해서 운영해달라고 부탁했습니다. 망한 회사는 인수하는 게 아니기 때문에 굉장히 고민을 많이 했습니다. 그런데 회사의 기술은 좋았고 그 회사 직원들이 계속 찾아와서 회사만 인수해주면 잘 키워보겠다고 해서 결국 인수를 결정하고 두 개 회사를 운영하게 되었습니다. 계측기 회사는 인건비와 원자재가 1년에 30억 정도는 있어야 하는데 이전 회사 주식을 매각한 돈이 있었고 설계회사는 이미 창업을 완료해서 운영에는 무리가 없었습니다. 예전 직원들의 간곡한 부탁으로 회사를 살리기 위해 진두지휘했는데 직원들도 진짜 열심히 따라와 주었습니다. 집에도 안 가고 열심히 해서 한 달이 소요될 일을 10일 만에 해내어 저도 굉장히 감동받았습니다. 6개월 만에 마이너스가 제로가 되고 1년이 되자 흑자로 돌아서서 지금은 직원 200명 정도의 회사로 성장하였습니다. 회사가 망했을 때 나갔던 직원들도 다시 들어와서 회사가 다시 활력을 되찾았고 직원들이 정말 열심히 해서 35%의 지분은 직원들이 가지고 있습니다. 현재는 계측기 분야에서 유럽의 어느 회사에도 뒤지지 않는 명품 계량 계측기를 생산하여 아시아 각국으로 수출하고 있습니다.

다른 회사인 설계 엔지니어링은 인적자원 확보를 위해 최고의 회사에서 최고 조건으로 일하고 있는 설계사들에게 새로운 회사를 하자고 제가 제안했습니다. 다행히 제안을 받은 설계전문가들이 다 저희 회사로 와 주었고, 하수처리설계 분야에서 업력을 쌓으면서 회사가 잘 성장해갔습니다. 결과적으로 봤을 때 설계회사는 제가 25% 지분을 소유하고, 75%는 대기업에서 온 직원들에게 다 나눠주었습니다. 현재 본사를 대구 경북에 두고 있는데 2021년부터 서울경기 쪽으로 확장하려는 계획을 가지고 제가 더 적극적으로 이끌어가려고 합니다.

끊임없는 도전 - 버킷리스트

제가 학교에 처음 기부를 할 때 아무 조건 없이 5천만 원을 냈는데 그렇게 조건 없이 기부금을 낸 사람은 제가 처음이라는 말을 들었습니다. 그게 인연이 돼서 지금은 학교 총동창회장을 역임하고 있는데 총동창회장으로서의 목표도 설정하고 차근차근 준비하고 있습니다. 학교의 몽골캠퍼스를 만드는 것과 동문의 네트워크를 강화하는 것 등 총동창회장으로서의 목표에 도전하고 있고, 앞으로도 새로운 도전과 도전목표를 달성하기 위해 열정을 다해 노력하려고 합니다.

Q 지금까지 도전해서 성공한 것이 많이 있으시지만, 실패하거나 어려운 상황도 있었을 텐데 그런 상황은 어떻게 견뎌내시는지 궁금합니다.

A 무조건 잊어버리려고 노력합니다.

Q 사업을 하다 보면 중요한 결정을 해야 할 때가 많은데 그럴 때 어떻게 결정하시는지요?

A 좋은 말을 해주는 사람은 많지만 결정적인 순간에는 저 혼자 있는 경우가 많았습니다. 고민을 해서 결정하는 편인데 사업을 하는 사람은 스스로 결정해야 하는 순간이 꼭 필요합니다. 첫 회사를 창업했을 때 제품 생산을 위한 설비 도입을 결정하는 순간에 가장 고민을 많이 했습니다. 특히, 직원들이 리스크 있는 것을 왜 하냐면서 반대했지만 저는 성장할 수 있는 포인트가 있는 시장이라고 예상해서 결정을 했습니다. 또한 설비를 해서 생산하게 된다면 제품의 국산화라는 의미도 있었기 때문에 결정을 하게 되었습니다. 그런데 설비 도입을 결정하고 계약금을 몇 차례에 나눠서 내던 중, 1997년 12월에 3만 달러를 내야 하는데 IMF 때문에 환율이 올라서

돈을 낼 수가 없었습니다. 뉴욕 본사에 가서 결제 날짜를 3개월 연장 받고 좋아했지만 3개월 후 환율이 더 올라서 눈물을 흘리며 결제했습니다. 하지만 인수하고 나서 더 대박이 나서 큰 수익을 냈고 제품 국산화의 공로로 대통령표창을 받아 결국 환경업체 1호로 코스닥 상장까지 하게 되었으니 좋은 결정이었다고 생각합니다.

Q 학교 관련(총동창회장으로서) 버킷리스트를 말씀해 주셨는데 다른 버킷리스트는 없으신가요?

A 버킷리스트도 자꾸 바뀝니다. 사업한다고 가족들과 함께 있지 못하고 가족을 잘 돌보지 못했는데 앞으로는 가족들과 함께하는 것을 생각하고 있습니다. 일하는 동안 자녀들이 크는 것을 못 봐서 코로나를 벗어나면 손자들과 사위들 모두 같이 가족들과 여행을 가려고 합니다.

강연 후기

우선 제성호 회장님께 배울 점이라고 생각한 것은 누구나 혼돈의 시기를 겪기 마련인데 회장님께서는 그 시기에 '상장회사의 대표가 되는 것'으로 구체적인 목표를 설정했다는 것이다. 또 그것이 그저 생각만이 아닌 이를 실천하는 데 많은 노력을 기울였다는 것이다.

그 과정은 창업을 하기 전부터 창업을 하고나서까지 잘 드러나 있었다. 처음부터 창업을 한 것이 아니라 10년의 창업 준비 과정을 겪은 것이 놀라웠다. 이 분은 창업하기 전, 회사에 취업하여 2년간 혼신의 노력을 하며 사업을 진행하고 상하수도 부문에서는 전문가가 되었다. 이렇게 2년 동안 열심히 회사를 다니며 그 분야에서 최고가 되기 위해 노력하신 이후에 해외로 진출하는 도전을 하셨다. 이 도전은 대형 건설사의 스카우트 제의를 뿌리치고 한 결정이었다. 높은 연봉을 받으며 편하게 살 수 있는 안정적인 직업을 선택하지 않고 진짜 하고 싶은 것에 도전하는 모습이 인상 깊었다. 이후, 외국 기업에서 세계 최고 기술을 습득한 후 창업을 시작하셨다. '기업가정신특강시리즈'를 수강하면서 여러 번 느낀 것이지만, 창업을 하기 위해서는 그리고 창업을 해서 조금이라도 더 좋은 결과를 얻기 위해서는 그 분야에 대해 잘 알고 있는 것이 매우 중요하다. 이 분은 구체적인 목표를 설정하고 여러 번의 도전을 통해서 이러한 준비 과정을 자연스럽게 거친 것이다. 이렇게 도전하여 얻은 다양한 기술들은 다른 기업과 경쟁하는 데 좋은 성과를 낼 수 있었다. 힘든 과정을 통해 얻은 기술들로 일반 기업들과는 차별화된 서비스를 제공할 수 있었기 때문이다. 이후 씨엠엔텍을 창립하여 지금은 아시아에 제품을 수출하는 회사를 만들었다. 회사뿐만 아니라 학교에서도 총동창회장을 맡고 계시며 몽골 북극성장학재단의 이사장을 맡아 몽골까지도 선한 영향력을 끼치고 계신다. 이에 만족하지 않고 버킷리스트를 만들어 사업 초기 목표를 이룬 것에 그치지 않고 계속하여 목표를 설정하고 그것을 이루기 위해 노력하는 모습이 남달랐다.

꼭 창업을 하는 것이 아니더라도 도전의 과정을 통해 미래의 다양한 것들을 대비하는 것은 중요하다고 생각한다. 제성호 회장님께서는 지금은 성공하셨지만 매번 성공하지는 않으셨다고 말씀하셨다. 자세한 이야기는 듣지 못했지만, 실패한 경험 또한 있다고 하셨다. 실패를 하더라도 자신의 목표를 위해 꿋꿋이 노력하는 것이 중요하다고 생각한다.

목표를 설정하여 도전을 통해 그것을 계속 이루어 나가는 것은 나 또한 인생을 살아가는 데 있어 필요한 자세라고 생각한다. 이번 방학에는 내가 무엇을 할지, 무엇을 해야 행복할지에 대해 고민해보고, 단기적으로든 장기적으로든 목표를 설정하고 이루려는 노력을 해야겠다는 생각이 들었다.

도시공학과 **김 미 정**

Entrepreneurial Leadership

3부

Entrepreneurial Leadership

기업가와 기업가적 리더십

열두 분의 기업가 성공스토리는 비슷한 듯하면서 다르고, 다른 듯하면서 비슷한 점이 있다는 것을 느꼈습니다. 비슷한 듯 다른 열두 분의 창업성공스토리를 기본 데이터로 하여 결론을 도출하였습니다. 기업가적 리더십의 정의와 특성의 프레임으로 분석한 결과와 이에 대한 논의는 기업가적 리더십에 대해 깊이 있는 이해를 도울 것입니다.

우선 기업가적 리더십의 개념을 다시 한 번 확인해보면 기업가적 리더십의 특성은 세 가지로 설명할 수 있습니다. 첫 번째, 불확실하고 급변하는 환경, 두 번째, 기업가적 기회를 인식하고 활용하며 새로운 비즈니스 기회를 인식하고 개발하려는 행동, 마지막으로 구성원이 전략적으로 자원을 활용하고 몰입하고 기회를 추구하도록 영향을 미친다는 특성을 기준으로 기업가들의 사례를 분석했습니다.

1. 기회탐색

많은 기업가들이 창업하기 위한 기회탐색뿐만 아니라 설립한 기업을 성장시키고 생존하게 하기 위해 기회를 탐색하며 전략적인 선택을 해왔습니다. IMF나 금융글로벌 위기와 같은 경제적인 변화, 규제 완화 혹은 강화와 같은 정치적인 변화, 고객의 니즈 변화 등 기업을 둘러싸고 있는 수많은 변화에 대응하며 20~30년 동안 기업의 생존과 성장을 이루어낸 것은 기회를 탐색하고 활용하는 기업가적 리더십이 있었기 때문입니다.

- 기업의 생존을 위해 위기에서 기회를 찾았던 (주)알토지앤엠 박병수 대표의 "회사 부도 위기라는 어려운 과정을 극복하면서 유리 공사만으로는 살아남기 쉽지 않다고 생각하고 새로운 영역을 개척하면서 다변화시키는 것이 중요하다고 느꼈고, 새로운 분야인 창호, 샷시를 접목해서 매출을 끌어올렸습니다"라는 사례를 통해 위기의 상황에서 기업이 생존할 수 있는 기회를 탐색하고 성과를 창출해내는 기업가적 리더십이 발휘된 것을 확인할 수 있습니다.
- 계성건설(주) 박종완 대표는 건설업이 허가제였는데 등록제로 바뀌는 것을 보고, 가만히 있어서는 안 되겠다는 생각을 가지고 준비과정을 거쳐 창업을 한 경우로 정치적 변화를 인지하고 기회를 탐색한 사례입니다. 박종완 대표는 창업을 할 때 개인적 분위기, 사회적 분위기가 창업에 영향을 주기 때문에 고려해야 한다고 강조하면서 기회탐색의 중요성을 언급했습니다.
- SQ엔지니어링(주) 이래철 대표는 삼풍백화점 붕괴, 성수대표 붕괴 등 해당 산업에서의 사건으로 인해 안전에 대한 관심이 높아지는 기회

를 활용하여 안전진단기업을 창업하게 되었다고 했습니다.

- "남들이 안 하는 일, 싫어하는 일을 담당했는데 그게 내수였습니다", "인도, 중동 아프리카, 중남미 같은 나라는 출장을 가려는 사람이 많지 않았고...(중략)" (주)토비스 김용범 대표는 다른 사람들이 싫어하는 것, 가지 않는 곳에 집중해서 기회를 만들어냈고, 이러한 것들이 큰 자산이 되었다고 했습니다.
- (주)동해종합기술공사 정점래 대표는 기업을 설립한 후 1, 2년은 잘될 수 있지만 스스로 변화하지 않고 정체되어 있으면 도태되며, 항상 새로운 것을 추구하는 자세가 필요하다는 것을 강조했습니다. 정점래 대표는 새로운 것을 추구하기 위해 세종시와 진행하는 스마트시티 설계를 예를 들어 설명하였고 회사를 변화시키고 생존하기 위해 많은 노력을 기울이고 있다고 하였는데, 이는 기업의 생존과 성장을 위한 기업가적 리더의 기회탐색 활동으로 볼 수 있습니다.
- 어린이 애니메이션 시장을 목표로 하고 기회탐색을 위해 일본과 미국 시장을 두드리고 노력했다는 대원방송(주) 곽영빈 대표는 기회라고 생각한 세서미스트리트 도입이 좋은 성과를 내지는 못했지만 기회에서 추구해야 할 사업의 방향성을 학습했다고 하였습니다.
- (주)씨엠엔텍 제성호 대표는 오파상을 할 때 해외박람회를 다니면서 많은 아이디어를 실험한 경험을 언급했는데 이는 기회탐색을 위한 학습의 과정이라고 볼 수 있습니다.
- 대양엔바이오(주) 박종운 대표는 기업가적 리더로서 "일감이 떨어지면 어려워지니 24시간 페달을 밟아야 하고, 어떤 시대의 흐름이나 변화가 있더라도 기업가로서의 리더십과 통솔력이 필요합니다"라고 했고, 송암시스콤(주) 이해규 대표도 세상의 흐름을 알아야 하고 세상이 어떻게 변하는지 살펴서 진검승부를 하라는 충고를 하며 일반적인 기회탐색의 중요성을 언급하고 있습니다.

위와 같이 많은 기업가들이 기회탐색 과정을 통해 창업을 하고, 부도의 위기를 벗어나고, 생존과 성장을 위한 동력으로 활용하고 있었고 또한, 기업가적 리더로서의 기회탐색에 대한 마인드 지향성을 가지고 있음을 확인하였습니다.

2. 구성원에 영향

리더십 이론에서 공통적으로 언급되는 개념적 요인은 구성원에게 영향력을 미친다는 것입니다. 기업가적 리더십 또한 리더가 구성원에게 영향력을 행사하고 기업가적 리더가 지향하는 방향으로 구성원들을 이끌어 나가야 한다는 점에 비춰볼 때 기업가들이 구성원과 어떠한 관계를 형성하고 상호작용하는지를 살펴볼 필요가 있습니다.

- (주)알토지앤엠 박병수 대표는 “좋은 사람들과 함께 한다는 것 자체가 회사를 성공시키는 데 상당히 중요한 요소”라고 하면서, 구성원과 끊임없이 변화하며 기회를 만들어야 창업기업을 성공적으로 운영할 수 있다고 강조하였습니다.
- “저는 일단 출발만 한 것이고, 많은 직원들이 도와서 여기까지 온 것입니다”라고 언급한 계성건설(주) 박종완 대표와 “저는 보잘 것이 없는데 우리 직원들이 정말 잘해주었습니다”라고 언급한 대양엔바이오(주) 박종운 대표의 말처럼 기업가적 리더가 기회를 탐색하고 목표를 설정했을 때 실행해 주는 구성원의 역할이 중요하며, 출발과 실행의 구조를 긍정적으로 형성한 리더와 구성원의 상호작용 관계를 파악할 수 있습니다.

- 유진통신공업(주) 정태봉 대표는 100여 명 남짓한 직원들이 도와주고 있다고 하면서 중소기업에서 오래 근무하는 것이 쉬운 일이 아니지만 장기 근속하는 직원들이 20명이 넘을 정도로 리더와 구성원 간에 긍정적인 관계가 형성되어 있다고 했습니다.
- 어려운 상황에 있던 회사를 인수해서 회사를 살리기 위해 진두지휘한 (주)씨엠엔텍 제성호 대표는 직원들이 집에도 안 가고 정말 열심히 해줘서 한 달이 소요될 일을 10일 만에 해내어 감동을 받았다고 했습니다. 마이너스가 제로가 되고 흑자로 돌아서기까지 기업가적 리더의 노력이 구성원에게 영향력을 미쳐 구성원들이 더 높은 성과를 창출하는 데 긍정적인 기여를 했다고 볼 수 있습니다.

중소기업에 대한 인지도 및 급여 등의 구조를 기준으로 판단했을 때, 구성원의 동기부여와 몰입은 쉬운 과정이 아닐 수 있습니다. 그러나 기업가적 리더가 구성원에게 어떻게 영향을 미치는가에 따라 성과를 창출하기 위한 구성원의 노력의 강도와 크기가 달라질 수 있고, 이에 따라 회사를 살리거나, 혹은 망하거나, 혹은 더 큰 성장을 가능하게 함을 알 수 있습니다.

3. 불확실하고 급변하는 환경

기업가적 리더십이 내부통제 소재라는 측면을 생각했을 때 환경적인 요인의 중요성은 다소 떨어질 것입니다. 불확실하고 급변하는 환경은 외부요인이라 많이 언급되지는 않았으나, 많은 기업가가 창업했을 때 상황이 불확실하고 예측이 불가능한 어려운 상황일 때 창업을 했고, 기업을 성장시켜왔다는 것을 성공스토리 사례를 통해 알 수 있었습니다.

IMF라는 불확실하고 어려운 상황에 창업한 기업가는 (주)토비스 김용범 대표(1998년), 이일산업(주) 박병재 대표(1999년)가 있고, 세기말이라는 변화의 시기에 창업한 기업가는 대원방송(주) 곽영빈 대표(2001년), (주)알토지앤엠 박병수 대표(2002년), 계성건설(주) 박종완 대표(2001년), (주)휘일 유태승 대표(2000년), (주)동해종합기술공사 정점래 대표(2002년)가 있습니다. SQ엔지니어링(주) 이래철 대표는 안전진단 기업을 1995년에 설립했는데, 1994년에 성수대교와 삼품백화점 붕괴 시점이라는 해당 업계의 외부 환경이 불확실하고 힘든 상황이었습니다. 무엇보다 20~30년간 기업을 운영하면서 IMF, 글로벌 금융위기, 코로나-19 등 예측할 수 없는 상황과 급변하는 기술 등 환경의 어려움을 극복했다는 것을 알 수 있었습니다.

이외의 공통 특성

기업가적 리더십에 대한 여러 학자들의 정의에 공통적으로 포함된 요소는 아니지만, 열두 분의 성공스토리에서 공통적으로 확인할 수 있는 요소들이 있었습니다. 기업가적 리더의 요소로 볼 수 있는 특성으로 도전정신, 네트워크, 회복탄력성을 추가하여 확인하였습니다.

4. 도전

기회탐색을 통해 더 높은 곳으로 진입하거나 혹은 비약적인 발전을 위해 도전은 매우 중요한 요소이며 불가능할 것 같은 도전을 하는 기업가적 리더를 보며 구성원의 몰입도 높아지고 동기부여에 긍정적인 영향을 미치게 됩니다.

- 계성건설(주) 박종완 대표 : "저는 정주영 회장을 좋아하는데 무조건 직접 도전해보고 저질러 보는 면을 좋아하고 저도 그런 성격입니다. 도전을 하지 않으면 도전의 맛을 볼 수 없고 꿈을 형성화시켜줄 수 없습니다."
- (주)휘일 유태승 대표 : "회사에서 월급도 못 받을 바에는 사업을 인수하고 인수대금을 외상으로 준다면 사업을 해봐야겠다는 말도 안 되는 생각을 해봤고, 인수를 하고 회사를 운영하게 되었습니다."
- 유진통신공업(주) 정태봉 대표 : "제가 4천만 원이 없다고 하니 나중에 갚으라고 했고, 제 별명인 대포처럼 무대포로 사업을 시작하게 되었습니다."
- (주)씨엠엔텍 제성호 대표 : "넓은 세상을 보고 싶고 해외에서 일해보고 싶어서 스웨덴 FLYGT사에 입사했습니다. 또한, 환경기계 부문은 굉장히 중요한 부분인데 수입에만 의존하고 있는 시장의 상황을 보고 환경 관련 기자재를 국산화하자고 생각해서 직원들의 반대를 무릅쓰고 기계제조 부분에 도전해 보기로 결심했습니다."
- 대원방송(주) 곽영빈 대표 : "애니메이션 방송사가 전속성우를 계약하고 양성하는 경우가 없었지만, 아이들을 위한 애니메이션 콘텐츠를 원작과 동일한 느낌의 우리 언어로 전달해야 한다는 생각에 전속성우를 선발하고 국내 최대 규모의 녹음부스를 만들었습니다."

위의 사례들은 현실적으로 불가능해 보이거나, 이전에 없었던 것으로 성공하게 되면 더 높은 곳으로 진입할 수 있는 기회에 도전하는 경우입니다. 기업가적 리더는 일반적인 사람보다 가능성을 더 크게 보고 도전하며 기회를 성공적인 성과로 만드는 사람들이라고 볼 수 있습니다.

5. 네트워크

대기업에 비해 인적자원, 물적자원, 정보자원 등 자원의 양과 질에 있어 부족함이 존재하는 중소기업의 경우 외부자원 활용 여부는 기업의 생존과 성공에 있어 중요한 역할을 합니다. 중소기업의 경우 네트워크를 어떻게 형성–관리–유지하느냐가 기업가적 리더로서 중요한 역량이 될 것입니다.

- 대원방송(주) 곽영빈 대표는 "기본적으로 가까이 있는 사람들, 가족이나 회사 사람들, 경비원, 청소하시는 분들을 관리해야 합니다. 물론 멀리 있는 거래처 사람도 중요하지만 우선 가까이 있는 사람부터 관리하는 것이 첫 번째 저의 노력입니다"라고 언급했습니다. 가깝고 낮은 사람부터 진심으로 대하는 것이 네트워크로 활용될 수 있다는 마인드를 짐작할 수 있습니다.
- "제가 자금 10억을 확보한 것은 친구가 투자해 주고 직장선후배가 투자해 준 덕분이라는 것입니다. 제가 자금을 확보한 방법은 결국 사람이었다고 볼 수 있습니다"라고 이일산업(주) 박병재 대표가 언급한 것처럼 자금이라는 자원을 활용 가능하게 만들어 준 것이 네트워크

이고, 기업가적 리더십에서 있어 이러한 네트워크 역량은 큰 역할을 한다고 볼 수 있습니다.

- 계성건설(주) 박종완 대표는 사람을 중요시하는 사람 치고 창업을 해서 거지가 되는 사람은 없고, 세상에는 많은 아이템과 사물들이 있지만 그것을 연결하는 것은 사람만이 할 수 있다고 하였습니다. 그렇기 때문에 사람들을 배려하고 겸손한 행동을 하는 사람은 꼭 성공할 수 있다고 네트워크의 중요성을 강조했습니다.
- (주)휘일 유태승 대표는 사업을 운영할 때 사례로 유태승 대표가 전에 도와줬던 분이 나중에 유태승 대표를 도와주고 싶다고 회사에 찾아왔다고 합니다. 유태승 대표가 회사를 보여주면서 자신 있는 분야를 도와달라고 하니 금형을 도와주었는데 그 당시 금형 분야의 전문가가 필요한 시점이었기에 더 의미가 있었다고 합니다. 외부의 전문적인 인적자원을 내부로 끌어올 수 있는 것도 장기적인 관점에서 네트워크 역량의 결과라고 볼 수 있습니다. (주)휘일의 사례는 기업의 생존과 성장에도 긍정적인 영향을 미쳤습니다.
- 송암시스콤(주) 이해규 대표는 차별화하기 위해 돈에 너무 집착하지 말고 주변의 좋은 정보를 얻기 위해서 많은 분들과 교류하기를 추천하면서, 서로 대화를 나누고 아이디어를 얻고 또 정보를 얻고 더 좋은 방법을 찾아가야 한다고 강조했습니다.
- 유진통신공업(주) 정태봉 대표는 “미국에 회의를 하러 가면 그 사람들이 나누는 이야기의 반도 못 알아듣지만 200여 개의 기업들이 다 도와줍니다”라고 언급했는데 이는 개인적인 네트워크뿐만 아니라 공적인 네트워크도 중요하게 관리되어야 할 영역임을 인지할 수 있습니다.

6. 회복탄력성

마지막으로 기업가적 리더의 공통된 특성으로서 회복탄력성을 제시할 수 있는데, 회복탄력성은 수많은 거절과 실패를 겪고 극복해야 하는 중소기업의 대표에게는 더 중요한 요소라고 생각됩니다. 기업가의 어두운 측면을 빠르게 극복하게 하는 회복탄력성은 기업이 지속적으로 생존하는 데 있어 큰 기여를 할 것입니다.

- 대원방송(주) 곽영빈 대표 : "다른 사람들이 '전력질주'라는 별명을 붙여줄 정도로 전력질주를 좋아합니다. 전력질주 끝에 새로운 에너지가 생깁니다."
- (주)알토지앤엠 박병수 대표 : "2018년도에는 새해를 맞으면서 중국 샤먼에서 마라톤을 했는데 각오를 새롭게 하고 새해를 설계하며 분위기를 다지는 데 도움이 되었습니다. 뛰면서 생각하게 되고 사업 구상도 하게 됩니다."
- 송암시스콤(주) 이해규 대표 : "회사가 성장해서 어느 정도의 규모가 된다면 괜찮겠지만 창업 초기의 기업 가치는 창업가의 간과 쓸개를 판 결과라고 볼 수 있습니다. 그런데 희한하게도 간과 쓸게는 재생이 바로 됩니다. 100% 회복이 아주 튼튼하게 됩니다."
- (주)동해종합기술공사 정점래 대표 : "창업을 하면 성공할 수도 있고, 실패할 수도 있습니다. 실패를 하게 되면 재정이 좀 줄어들 수도 있고 사람과의 관계가 안 좋아질 수도 있지만 실패했던 과정에서 배우는 게 더 많습니다."
- (주)씨엠엔텍 제성호 대표 : "실패하거나 어려운 상황은 무조건 잊어버리려고 노력해서 빠르게 견뎌냅니다."

곽영빈 대표, 이해규 대표와 같이 최선을 다하고 나면 또 새로운 에너지가 생긴다고 하는 유형도 있고, 박병수 대표처럼 마라톤과 같은 취미 생활을 통해 각오를 새롭게 하며 회복하는 경우도 있습니다, 마지막으로, 정점래 대표처럼 실패했던 과정에서 학습하거나 제성호 대표와 같이 잊어버리고 다른 곳에 집중하는 긍정적인 마인드는 회복탄력성과 연관되어 있습니다. 기업가적 리더십이 긍정적인 방향성을 이끌어 내는 것도 중요하지만, 거절이나 실패와 같은 부정적인 요소를 줄이는 것도 기업가적 리더십의 필수적인 역할이라 할 수 있습니다.

에필로그

이상의 내용은 프레임에 맞춰 분석하다 보니 열두 분의 기업가 스토리 중 포함되지 않은 부분이 훨씬 더 많습니다. 각각의 성공스토리에는 창업을 준비하고 설립하고 운영하고 성장시키는 데 있어 도움이 되는 수많은 이야기가 있습니다. 또한 학생에게, 후배에게 도움이 되는 수많은 이야기들을 남겨주셨습니다. 앞서 간 사람의 지혜와 경험은 늘 도움이 됩니다. 강연을 듣거나, 이 책을 읽는 인생의 후배들에게 언젠가 도움이 될 것이라 생각하고 지혜와 경험을 나눠주신 열두 분의 기업가에게 다시 한 번 감사의 인사를 드립니다.

참고문헌

네이버 기업정보

사례기업 홈페이지

Antonakis, J. B. J., & Autio, E. (2006). Entrepreneurship and Leadership. İçinde. The Psychology of Entrepreneurship. Sıop Organizational Frontiers Series. Eds. JR Baum, M. Frese and RA Baron.

Burgelman, R. A. (1983). A process model of internal corporate venturing in the diversified major firm. Administrative science quarterly, 223-244.

Cogliser, C. C., & Brigham, K. H. (2004). The intersection of leadership and entrepreneurship: Mutual lessons to be learned. The Leadership Quarterly, 15(6), 771-799.

Cunningham, J. B., & Lischeron, J. (1991). Defining entrepreneurship. Journal of small business management, 29(1), 45-61.

Fernald, L. W., Solomon, G. T., & Tarabishy, A. (2005). A new paradigm: Entrepreneurial leadership. Southern business review, 30(2), 1-10.

Gupta, V., MacMillan, I. C., & Surie, G. (2004). Entrepreneurial leadership: developing and measuring a cross-cultural construct. Journal of business venturing, 19(2), 241-260.

Hmieleski, K. M., & Ensley, M. D. (2007). A contextual examination of new venture performance: Entrepreneur leadership behavior, top management team heterogeneity, and environmental dynamism. Journal of Organizational Behavior: The International Journal of Industrial, Occupational and Organizational Psychology and Behavior, 28(7), 865-889.

Ireland, R. D., Hitt, M. A., & Sirmon, D. G. (2003). A model of strategic entrepreneurship: The construct and its dimensions. Journal of management, 29(6), 963-989.

Krackhardt, D. (1995). Entrepreneurial opportunities in an entrepreneurial firm: A structural approach. Entrepreneurship Theory and Practice, 19(3), 53-69.

Kuratko, D. F., Ireland, R. D., & Hornsby, J. S. (2001). Improving firm performance through entrepreneurial actions: Acordia's corporate entrepreneurship strategy. Academy of Management Perspectives, 15(4), 60-71.

Lepnurm, R., & Bergh, C. D. (1995). Strategic Management and Entrepreneurial Orientation in Sick, Marginal, and Healthy Small Businesses. Journal of Small Business & Entrepreneurship, 12(2), 8-18.

Lumpkin, G. T., & Dess, G. G. (1996). Clarifying the entrepreneurial orientation construct and linking it to performance. Academy of management Review, 21(1), 135-172.

Renko, M., El Tarabishy, A., Carsrud, A. L., & Brännback, M. (2015). Understanding and measuring entrepreneurial leadership style. Journal of small business Management, 53(1), 54-74.

Sayles, L. R., & Stewart, A. (1995). Belated recognition for work flow entrepreneurs: A case of selective perception and amnesia in management thought. Entrepreneurship Theory and Practice, 19(3), 7-23.

Stevenson, H., & Jarillo, C. (1990). A paradigm of entrepreneurship as a field of research. Academy of management review, 3, 45-57.

Stevenson, H. H., & Jarillo-Mossi, J. C. (1991). A new entrepreneurial paradigm.

Surie, G., & Ashley, A. (2008). Integrating pragmatism and ethics in entrepreneurial leadership for sustainable value creation. Journal of Business Ethics, 81(1), 235-246.

Thornberry, N. (2006). Lead like an entrepreneur. McGraw Hill Professional.

Zaleznik, A. (1990). The managerial mystique: Restoring leadership in business. HarperCollins.

저자 소개

김서영

- 경영학박사
- 서울시립대학교 창업지원단 교육연구객원교수

김상순

- 경영학박사
- 서울시립대학교 창업지원단장
- 서울시립대학교 경영학부 교수

저자와의
협의하에
인지생략

기업가적 리더십

2021년 04월 14일 초판 인쇄
2021년 04월 21일 초판 1쇄 발행

저 자 : 김서영 · 김상순
감 수 : 서순탁

발행인 : 정광식
발행처 : **비앤엠북스**
서울시 금천구 가산디지털1로 70 B1-103(호서대벤처타워)
등 록 2004. 12. 29. / 제313-2004-00298호
전 화 2627-5710~13, 팩스 2627-5720
홈페이지 www.대학교재.net
이 메 일 bnmbook@daum.net

정가 17,000원 ISBN 978-89-6821-129-4